身近な食材から！　家庭との連携にも！

ハッピー保育books 24

ワクワク ふれあい 食育

中はどんなのかな？

ひかりのくに

はじめに

　「今日のごはんは何？！」と、楽しみにできる子ども時代を、ゆっくり、たっぷり過ごしてほしいと思っています。それは、だれもが思い出す、幼いころの幸せな、うれしい記憶ではないでしょうか。

　栄養や衛生も大切なことですが、「大好きな人と食べる」食事が人を育てることは言うまでもありません。食への知識や情報提供だけが食育の目的ではないことを、みなさんも十分に理解されていることと思います。ごはんが楽しみだったり、おいしくてうれしい気持ちが共感できたり、大きくなっていく自分に自信が持てたり…と、そこにつながる取り組みや心配りやことばがけすべてが「食育」です。食育に決まり事はありません。

　「食育」＝「食べることではぐくむ」のは「お人がら」です。子どもたちにどんな人に育ってほしいですか？　その思いを込めましょう。

　本書が、保育者の皆さんの助けとなり、子どもたちの豊かな育ちのお役にたつことを祈っております。

著者　小西 律子

本書の特長

本書は、身近な食材からかんたんにできる食育を、子どもたちのイキイキした姿とともに紹介しています。どの保育者にも使っていただきやすいアイディアがたっぷりの1冊です。あなたの"これならできそう…！"に合わせて使ってください。

1 毎日の保育でできる食育アイディアたっぷり！

毎日の給食やお弁当、おやつの時間に、食卓に出てくる食材を取り上げているので、かんたんに始められます。毎日の保育に、食育をちょこっと取り入れてみませんか？

2 子どもの声がいっぱい！

保育現場の実践から、子どものつぶやきや会話、エピソードをたっぷり紹介！　子どもたちの思いに寄り添い、共感することで、食への興味が広がります。保育のヒントにも！

3 保護者に伝えたい情報がもりだくさん！

食材の情報や、かんたんクッキングレシピなど、保護者といっしょに進める食育のヒントを掲載しています。お迎え時のひと言やおたよりなどにオススメ！

本書の使い方

本書は、旬の食材、毎日の食材、行事と食をテーマにした3部構成です。各ページは、使い方のバリエーションがたっぷり！園の形態や子どもたちのようすに合わせて、楽しく取り入れてみてくださいね。

子どもの声にはワクワクがいっぱい！
食材とかかわる子どもたちの声に、耳を傾けてみてください。どんな発見をしているでしょうか…？

旬がひと目でわかる！
栄養をたっぷり蓄えた、その食材のいちばんおいしい旬の時季を、子どもたちに伝えたいですね。

※種類や地域によって若干異なります。

第1章 旬の食材で☆季節の食育

春夏秋冬、季節の"旬"の食材を集めました。

大きい写真、よ〜く見てみると…
食材をよ〜く見ると、表面のようすなど、新しい発見がいっぱいです。子どもたちといっしょにはもちろん、保育者も改めて観察してみてください。

使い方いろいろ！
カラーコピーしてペープサートにしたり、黒く塗りつぶしてシルエットクイズをしたり…。

クイズに！
食材の栄養や豆知識などを、子どもたちが大好きなクイズ形式で伝えてみてはいかがでしょうか？　食材のすごいところを、子どもたちとわかり合えるといいですね。

保護者に伝えよう！
家庭にも食材のよさを伝えていきたいですね。保護者へ話す際や、おたよりを作る際に参考にしてください。

保育者も知っておこう！
保育者の知識として知っておきましょう。子どもたちに話す際には、かんたんなわかりやすい言葉で！

第2章 もっともっとすきになる毎日の食材

毎日の身近な食材だからこそ、家庭といっしょに楽しみたいですね。左ページは、保護者へ伝えたい食材の話を、右ページには、子どもたちと食材のふれあいエピソードを掲載。子どもたちの姿からたくさんの気づきや育ちが見えてきますよ。

子どもと会話を楽しもう！

食材に五感すべてでふれあう子どもたちの、つぶやきの一部を紹介しています。ごはんやおやつの時間にも、子どもたちは食材とたくさんふれあっていますよ。

ことばがけのヒントにも！

子どもたちの気づきやワクワクに共感し、その気持ちに寄り添いながら興味・関心を広げていくヒントにしてください。

保育のヒントに！ごはん・おやつの時間にも！

子どもたちの食材への興味・関心をさらに広げ、食材をもっともっと好きになれるような遊びや活動の一例を紹介しています。

クッキング活動に…

3ステップでかんたんに作ることができるレシピを紹介しています。園でのクッキング活動にオススメです。

コピーして、家庭へのおたよりに！

おたよりに旬の食材を紹介しながら、かんたんなレシピを添えてみてはいかがでしょうか？ モノクロコピーでもきれいに写ります！

お悩み解決！コラム付き！

1. **好き嫌い** 〜苦手な理由を自分の言葉で表すことから〜
2. **保育者と給食室の連携** 〜お互いに目ざすところを一致させて〜

第3章 文化を伝えよう！行事の食育

食を通して、文化を伝えたいと思うものの、毎年同じになりがちですよね。第3章では、子どもたちが自分からかかわりたくなるような、ちょっとしたアイディアを紹介しています。ぜひ参考にしてください。

食育 ここから はじめよう!

「楽しく食べる」

そこにつながる取り組みや心配りやことばがけそのすべてが「食育」です。食育に決まり事はありません。食事を楽しむためにどんなことが必要なのか、どんなことを楽しいと感じてくれるのか、目の前の子どもたちのことをよく知っている保育者だからこそできる取り組みを考えていきましょう。

あなが いっぱい…

園での経験を、興味の引っ掛かりに

食育のベースは、「食べ物について興味を持って知ること」、そして、「食べることを楽しむ」ということです。食べることを通して豊かな暮らしをつくっていくために、食べ物を知っていくきっかけになるのは、やはり興味を持つということです。だれしも、何かに興味を持つと、もっと知りたくなりますよね。そんな興味のきっかけを、子どもたちが園に通っている間に、毎日のお昼ごはんやおやつの時間などの食べることの生活を通して、経験できるようにしたいですね。

「自分で食べる」楽しさと、「食べたい!」気持ちを大切に!

子どもたちにとっての楽しさは「自分で食べる」ことでしょう。それは、「おなかすいたよ〜」と泣いて伝えておっぱいを飲ませてもらうことから始まっています。手でつかみやすく、自分の力で取り込めるように調理されている物をみずから口に入れてかんだり、スプーンを使って思うように食べたり、食べられる量を自分で計ってよそったり、おかわりを自分で判断したり…。「自分で!」の思いを形にしていくことが保育者の役割です。

また、「食べたい!」気持ちをはぐくむための配慮も必要です。食材に触れたり、香りをかいだり、調理工程が見えたり…。クッキングや栽培などの活動もそのための取り組みともいえます。

食育 ここから はじめよう!

楽しく食べる 7つのヒント

1 自分で食べるとおいしい!

手や食具を使って、自分の力で食べることは、楽しさ、意欲がぐんと膨らみます。何より自分で食べた実感は、確かな自信につながります。種や骨など、口の中の異物を、舌でうまく出す経験も重ねていきたいですね。危険から身を守る一歩です。

2 感謝の気持ちを大切に

「食べる」ということは、「命」を分けてもらい、自分の体に取り込むことです。その年初めて食べる物を「お初（初物）」と呼び、今年も食べられたことへの感謝を表す言葉があります。毎日の暮らしの中で、命をいただく感謝の気持ちを伝えていきたいですね。

3 "旬"を味わおう

食べ物が大好きになるきっかけは、なんといってもおいしい食材を食べること。味もおいしく、体にもよい旬の食材はぜひ、意識して食べたいですね。旬の時季を心待ちにするという楽しみも味わえるとよいでしょう。

4 五感をフル活動！

子どもたちが、五感をフル活動して食材に出会えるような環境をつくりましょう。給食室がある園では、自由に触れることができる場所に、食材を置いておくのもオススメです。リンゴの「シャリシャリ」など、かむ音に注目してもおもしろいですよ。

5 丸ごとを知ろう

食材の丸ごとの姿はなかなか目にしにくくなっています。実物に触れたり、図鑑、絵本を見たりして、食材本来の姿に出会いたいですね。食材への興味が増すのはもちろん、何のどの部分を食べているのか、ということを知るいいきっかけになります。

6 驚き 疑問 「！」「？」を大切に

何か気がついたり見つけたりしたことを友達と言い合ってみましょう。不思議に思ったことは、皆で考えたり、図鑑などで調べたりしてみましょう。構造や働き、食べる以外の用途にも目を向けられるといいですね。

7 見通しを持った活動を

自分たちで育てた野菜を、収穫して調理するなど、できるだけ見通しが持てるように工夫しましょう。生長し、変化していく過程を観察するのもよいですね。自分で手を加えると食べるのがより楽しみになり、おいしさも倍増します。

ワクワクふれあい食育
CONTENTS

- はじめに …………… 2
- 本書の特長 ………… 3
- 本書の使い方 ……… 4
- 食育ここからはじめよう! …… 6
-   楽しく食べる7つのヒント … 8
- 食材の50音さくいん……… 14

第1章 旬の食材で☆季節の食育 15

ぱっと見! 旬のめやす ……… 16

春

- イチゴ ………………18
- グリーンアスパラ …… 20
- タマネギ …………… 22
- ヨモギ ……………… 24
- フキ ………………… 26
- キャベツ …………… 28
- タケノコ …………… 30
- エンドウマメ …………32
- ジャガイモ ………… 34
- ソラマメ …………… 36

夏

- サクランボ ……… 38
- トマト ……… 40
- エダマメ ……… 42
- オクラ ……… 44
- ナス ……… 46
- イチジク ……… 48
- スイカ ……… 50
- トウモロコシ ……… 52
- カボチャ ……… 54

秋

- ブドウ ……… 56
- 洋ナシ ……… 58
- サトイモ ……… 60
- クリ ……… 62
- シメジ ……… 64
- 大豆 ……… 66
- サツマイモ ……… 68
- シイタケ ……… 70
- カキ ……… 72
- リンゴ ……… 74

第2章 もっともっとすきになる毎日の食材

103

冬

- ニンジン ……… 76
- カブ ……… 78
- ミズナ ……… 80
- ダイコン ……… 82
- ホウレンソウ ……… 84
- ブロッコリー ……… 86
- ハクサイ ……… 88
- レンコン ……… 90
- ゴボウ ……… 92
- ミカン ……… 94
- ネギ ……… 96
- カリフラワー ……… 98
- ナノハナ ……… 100

- 米 ……… 104
- 卵 ……… 106
- 肉・魚 ……… 108
- 牛乳 ……… 110
- 出汁 ……… 112
- 海藻 ……… 114
- お茶 ……… 116

コラム1 好き嫌い
〜苦手な理由を自分の言葉で表すことから〜
……… 102

コラム2 保育者と給食室の連携
〜お互いに目ざすところを一致させて〜
……… 118

CONTENTS
ワクワクふれあい食育

第3章 文化を伝えよう！行事の食育
119

- ⭐ こどもの日 ……………120
- ⭐ 七夕 ……………121
- ⭐ お月見 ……………122
- ⭐ クリスマス ……………123
- ⭐ おもちつき ……………124
- ⭐ 春の七草 ……………125
- ⭐ 節分 ……………126
- ⭐ ひな祭り ……………127

食材の50音さくいん

- イチゴ 18
- イチジク 48
- エダマメ 42
- エンドウマメ 32
- オクラ 44
- お茶 116
- 海藻 114

- カキ 72
- カブ 78
- カボチャ 54
- カリフラワー 98
- キャベツ 28
- 牛乳 110
- クリ 62
- グリーンアスパラ 20
- ゴボウ 92
- 米 104
- 魚 108

サ
- サクランボ 38
- サツマイモ 68
- サトイモ 60
- シイタケ 70
- シメジ 64
- ジャガイモ 34
- スイカ 50
- ソラマメ 36

- ダイコン 82
- 大豆 66
- タケノコ 30
- 出汁 112
- 卵 106
- タマネギ 22
- トウモロコシ 52
- トマト 40

ナ
- ナス 46
- ナノハナ 100
- 肉 108
- ニンジン 76
- ネギ 96

ハ
- ハクサイ 88
- フキ 26
- ブドウ 56
- ブロッコリー 86
- ホウレンソウ 84

マ
- ミカン 94
- ミズナ 80

ヤ
- 洋ナシ 58
- ヨモギ 24

ラ
- リンゴ 74
- レンコン 90

第1章

旬の食材で☆季節の食育

> やさいやくだものが、おひさまをあびておおきくなって、えいようもいっぱいためこんで、「いま、いちばんおいしいからたべて〜!」っていっているのが、「しゅん」なんだ!

第1章で紹介している食材の旬のめやすを一覧にしました。

※旬の時季は、食材の種類や地域、学説によって異なります。あくまでめやすとしてご参照ください。

イチゴ

イチゴの旬は露地物が出回る5月ですが、ハウス栽培などにより12月ごろから味わうことができます。

春

はねてる！

旬のめやす 4月・5月

甘くておいしい！

つぶつぶは種なんだ！

栄養・特徴・マメ知識
すごいぞ！

\ イチゴ /

★ 果物の中でビタミンCの含有がもっとも多い
★ 疲労回復や便秘、高血圧予防などに効果的
★ ヘタ（がく）がピンと張っている物ほど鮮度がよい

早く食べたいな！

ふれあい食育実践LIVE
見る・におう・触る・味わう・聞く

乳児　おおきいイチゴ

- 「イチゴ食べようか」
- 「おおきいのんがいい〜」
- 「はい、どうぞ」
- 「はね、とって〜」

幼児　どうして赤いの？

- 「なんで赤くなるんかなあ？」
- 「お日様にたくさん当たると赤くなるよ」
- 「トマトもサクランボも赤いな」
- 「赤色はお日様のおかげなんだね！」

もっともっとすきになる 展開のヒント

春　イチゴ

乳児　香りをかいで味わって

旬のイチゴは甘みだけでなく香りも豊かです。みんなで香りをかいでみましょう。食べるときには、「がくを付けたまま先っぽから食べると甘いよ」と伝え、味わって食べましょう。

幼児　イチゴは果物？　野菜？

イチゴはプランターでかんたんに育てられます。イチゴが実ったら「木になる物が果物です。だから、イチゴは野菜の仲間だね」と伝えたいですね。咲いた花を観察すると、バラの仲間であることもわかります。

かんたん！クッキング　イチゴソース

1. イチゴをさっと洗ってヘタを取り、鍋に入れる。
2. イチゴに対して半分の量の砂糖を入れて粗くつぶす。
3. ひと煮たちさせ、中火で水分が少なくなるまで煮詰めたらでき上がり！

グリーンアスパラ

グリーンアスパラは、グングン伸びて、力強く、まっすぐに育ちます。丸ごと1本食べると力がわいてきますよ。

春

旬のめやす 4月 5月 6月

小さい葉っぱ？

なが～い！

え～っと…

皮はうろこみたい！

栄養・特徴・マメ知識 すごいぞ！ グリーンアスパラ

★ カロテンやビタミンが豊富
★ 先がもっと大きくなったら葉になる
★ 1日に25cmくらい伸びるので、子どもに自分の成長の姿を投影させるのにピッタリ

ふれあい食育実践LIVE
見る・におう・触る・味わう・聞く

もっともっとすきになる 展開のヒント

春 グリーンアスパラ

乳児 かわがあるね

- 「さわるとおれそう」
- 「先っぽは優しく触ってね」
- 「かわ、むきた〜い」
- 「『おいしくなーれ』って、皮をむこうか」

幼児 なんだか不思議…

- 「アスパラじゃなくて、グリーンアスパラっていう名前だよ」
- 「その名前のほうがおいしそうだね」
- 「皮は、不思議な模様してるね」
- 「魚のうろこみたい！」

乳児 生き物を扱うように優しく

グリーンアスパラの先っぽは折れやすいので、「生き物を触るみたいに優しくね」と伝えましょう。食べ物を大切にするという気持ちにつながっていきます。皮をむくときは、「服を脱がしてあげよう」などと声をかけましょう。

幼児 植物のパワーを知ろう

子どもたちが1年間に伸びた身長をリボンの長さで示して、グリーンアスパラが1日で伸びる25cmの長さと比較してみましょう。植物のパワーを実感し、その命をいただくありがたさを伝えましょう。

かんたん！クッキング グリーンアスパラのグリル焼き

1. グリーンアスパラの皮をむく。
2. オリーブオイルを塗って、魚焼きグリルで焼く。
3. 塩を振りかけて、でき上がり。

タマネギ

春

カレーやシチュー、肉じゃがなど、子どもが好きな定番料理で縁の下の力持ちの身近な食材です。

旬のめやす 4月 5月

甘いの？

カレーライスにも入ってるよ！

栄養・特徴・マメ知識 すごいぞ！ タマネギ

- ★ ネギ類共通の香り成分で、涙が出る原因となる硫化アリルは、血液をサラサラにする
- ★ 加熱すると甘みが増す
- ★ 根の先の成長点を水につけておくと、水耕栽培が楽しめる

ふれあい食育実践LIVE

見る・におう・触る・味わう・聞く

もっともっとすきになる 展開のヒント

春　タマネギ

乳児　葉付きがわかる？

- （葉付きのタマネギを見せて）「タマネギだよ」
- 「……？」
- （葉をハサミで切る）
- 「タマネギだ！」

幼児　甘い？ 辛い？

- 「イチゴくらい甘いんだって。でも辛さもあるから、わかりにくいんだよ」
- 「甘いなあって思ってた！」

乳児　皮むきにチャレンジ

1枚1枚、皮をむいてみましょう。タマネギの成分「硫化アリル」が手指やつめの間に付き、その手で目鼻を触ると粘膜が刺激され、痛みを伴います。皮をむいた後は、手をしっかりと洗うようにしましょう。

幼児　タマネギは根っこ？ 葉っぱ？

タマネギは、葉から取り込んだ栄養を、下の方にためるので、どんどん形が膨らんでいきます。食べる部分は根ではなく、葉の一部です。下の葉に十分な栄養がたまると、上の葉が倒れ「もう食べられますよ」と教えてくれます。

かんたん！クッキング　タマネギのサクサク揚げ

1. タマネギを1／2に切り、縦に千切りにし、ほぐして10分おく。
2. 水分がにじんできたら小麦粉（天ぷら粉）を振りかけ、混ぜる。
3. 薄く広げながらかき揚げのように油で揚げて、でき上がり。

ヨモギ

ヨモギは、春の到来を告げる身近な野草の代表です。ふだんの散歩でも、ヨモギとの出会いを楽しみましょう。

春

いい香り

旬のめやす 3月 4月 5月

食べられるの？

あたしが取ったよ

※取って食べる際には、毒性が強いトリカブトと間違えないよう十分に注意しましょう。ヨモギは、葉の裏に綿毛があり、独特の香りがします。

栄養・特徴・マメ知識
すごいぞ！

ヨモギ

- ★ビタミン、カロテン、カリウムが豊富
- ★血液をサラサラにしてくれる
- ★新芽は軟らかくて香りがよい
- ★おきゅうのモグサはヨモギから作られる

見る・におう・触る・味わう・聞く
ふれあい食育実践LIVE

乳児　ヨモギを食べよう

- 「ヨモギを見つけに行こう」
- 「いくー!」
- (取ってきたヨモギを目の前で調理)
- 「ヨモギのホットケーキだよ。緑色になったね!」
- 「おいしい!」

幼児　ヨモギで何作ろう

- 「ヨモギ見つけたから取りに行こう!」
- 「お団子作りたい!」
- 「ヨモギパンがいい!」
- 「いっぱい取れるといいね」

もっともっとすきになる 展開のヒント

春　ヨモギ

乳児　「食べられる物」という理解を

自分たちが摘んできたヨモギをすぐに食べることで「ヨモギは食べられる物」という理解につながります。葉っぱをそのままの形で食べるだけでなく、目の前で刻んで混ぜ込むなど変化も見せられるといいですね。

「ヨモギのいろだ!」

幼児　入浴剤やモグサを作ってみよう

ヨモギを乾燥させて大きめのお茶パックに詰め込んで入浴剤に! モグサも作ってみましょう。よく乾燥させてフードプロセッサーにかけるとでき上がり。ちょっと火をつけて香りの体験をするのもオススメです。

かんたん! クッキング　ヨモギの天ぷら

1. 新芽を5cmくらいに切り、小麦粉をはたく。
2. 天ぷらの衣を付けて、油で揚げるとでき上がり!
※ 手で軽くしごいて揚げると、軽くパリッとしあがる。

フキ

「蕗の薹」や「蕗」は、春を告げる山菜の中でも、身近な食材です。季節の恵みを子どもに味わってもらいましょう。

春

3月 4月 5月 旬のめやす

お薬みたいなにおいがする！

なが～い！

すじのとおった

ふーき

フキノトウ

すごいぞ！ フキ

栄養・特徴・マメ知識

★ 独特の香りとほろ苦さがある
★ 葉も食べられる
★ フキノトウは、フキのつぼみの花茎
★ 地下茎には毒があるため、要注意！

ふれあい食育 実践LIVE
見る・におう・触る・味わう・聞く

乳児 あのうたのフキ？

- 「フキを知っているかな？」
- 「♪すじのとおったふ〜き♪」
- 「そうそう、『おべんとうばこのうた』（わらべうた）のフキだね」

幼児 葉っぱ大きいね！

- 「フキの葉っぱは傘にできそう」
- 「大きいね！」
- 「お薬みたいなにおいがする」

もっともっとすきになる 展開のヒント

春　フキ

乳児 不思議な姿をしているね

みんなでフキの皮をむいたり穴の中をのぞいたりして、フキの姿を楽しみましょう。フキはすべての子どもが好きな味ではありませんが、「フキとの楽しい出会い」が、味を好きになる第一歩となります。

幼児 「フキ」ってどんな食材？

保育者が子どもたちの前で植物図鑑をめくり「フキノトウ」「フキ」「フキの葉っぱ」などを調べ、フキの魅力を伝えましょう。また、灰汁抜きをするとおいしく食べられることを伝えてもいいですね。

かんたん！クッキング　フキのいため煮

1. 灰汁抜きをし、3cmに切る。
2. 豚スライスといっしょにいためる。
3. みりん・砂糖・しょうゆで調味して、でき上がり。

キャベツ

春

歌や手遊び、絵本などでもよく扱われるので、子どもにとって親しみ深い野菜のひとつです。

旬のめやす
春玉：3月・4月・5月
冬玉：12月・1月・2月

♥ シャキシャキ

葉っぱがいっぱい重なってるよ！

栄養・特徴・マメ知識 すごいぞ！

\キャベツ/

★ 春玉は生食、冬玉は加熱調理がおすすめ
★ 春玉は葉のつやがよい物、冬玉はずっしり重くしっかり巻いている物を選ぶ
★ 淡色野菜の中では、ビタミンCが多く含まれているといわれている

冬玉

半分に切ると…

ふれあい食育 実践LIVE
見る・におう・触る・味わう・聞く

乳児 アオムシはどこ？

- 「アオムシさんはいるかな〜」
- 「あなあいてる！ たべたのかな？」
- 「おいしいかな〜って味見してくれたのかな？」

幼児 キャベツの血管？

- 「葉っぱの裏側、血管みたい！」
- 「人間の血管と同じように、栄養を送るところ。「葉脈」っていうんだよ」

もっともっとすきになる 展開のヒント

春 キャベツ

乳児 優しく触れて、確かめる

葉を触ったりはがしたりしてみましょう。おもちゃにならないよう、優しく扱います。キャベツの手遊びや絵本などをいっしょに楽しんでもいいですね。（例）手遊び『あおむしでたよ』、絵本『キャベツくん』など。

幼児 キャベツを観察しよう

友達と隅々まで観察して、気がついたり見つけたりしたことを言い合いましょう。不思議に思うことはみんなで考えたり、図鑑などで調べたりします。キャベツの芯を水につけておくと芽吹いてくるのが確かめられますよ。

かんたん！クッキング 春キャベツの梅和え

1. 芯を取り除き2cm角に切り、たたいた梅干しで和える。
2. 梅干しの塩分がなじむまでしばらくおいて、でき上がり！

※ 芯は形を整えて、スティック野菜として食べられる！

タケノコ

青葉・若葉が茂る季節。すくすく大きくなる子どもたちと共に、グングン大きくなるのがタケノコです。

春

旬のめやす 3月 4月 5月 6月

芽がある！
ふわふわ
ポツポツだ
硬いね
タケの子ども？

栄養・特徴・マメ知識 すごいぞ！ \タケノコ/

★タケの赤ちゃんがタケノコ
★先が柔らかい
★皮は縦に裂けやすく、濃い茶色の厚い部分は乳児でもむける

ふれあい食育 実践LIVE
見る・におう・触る・味わう・聞く

乳児　あたまふわふわ～

- 「これ、な～んだ？」
- 「たけんこ！」
- 「頭をなでなでしてあげようか」
- 「ふわふわしてるで」

幼児　ポツポツがあるよ

- 「皮いっぱいむけるけど、どこまでむいたらいいんかな？」
- 「このポツポツは何？」
- 「根が生えるところやで」

もっともっとすきになる 展開のヒント

春　タケノコ

乳児　タケノコの皮をむこう

皮をむくお手伝いをすることで、食べるのがより楽しみになります。むいた皮はクルクルと丸まり、さらに楽しめます。皮ごとゆがくと柔らかくなりますが、子どもに皮むきをしてもらうことを優先してもよいでしょう。

幼児　タケノコの構造を知ろう

皮をむくと、先端の柔らかい部分が硬い葉になろうとしていることや、根の生える場所などがわかります。皮むきの後、縦半分に切ると、竹へと生長していく構造も知ることができます。掘らなければ大きくなってタケになります。

かんたん！クッキング　タケノコのみそきんぴら

1. タケノコの皮をむく。
2. 灰汁（あく）を抜き千切りにし、ゴマ油でさっといためる。
3. みそとみりんで味をつけ、でき上がり！

エンドウマメ

スイートピーによく似たかれんてかわいい花が咲きます。種の部分が「エンドウマメ」です。別名「グリーンピース」とも。

春

旬のめやす 4月・5月・6月

ピカピカ！

何個ある？

小さくてかわいい♥

栄養・特徴・マメ知識
すごいぞ！

\ エンドウマメ /

★ デンプン、タンパク質、ミネラル、ビタミン、食物繊維が豊富
★ 皮ごと食べる「キヌサヤ」「スナップエンドウ」などもある

見る・におう・触る・味わう・聞く
ふれあい食育 実践LIVE

乳児　なかよしおマメさん

- 「エンドウマメだよ」
- 「なかにおマメいっぱい！」
- 「これがパパ、ママ、これは赤ちゃんかな？」
- 「すきすきってくっついてる」
- 「仲よしだね」

幼児　みんなで豆むきしよ！

- 「豆むき、手伝おうか」
- 「ありがとう！」
- 「えー！　こんなにあるん？」
- 「みんなでやったらできるよ！」
- 「みんな〜！　手伝って〜」
- 「わかった。いっぱいむいたらいっぱい食べられるね！」

もっともっとすきになる 展開のヒント

乳児　エンドウマメ、むいてみる？

保育者が子どもに「エンドウマメ、むいてみる？」と聞き、「むきたい」と言ったら、いっしょに皮むきをしましょう。皮は子どもの目の前でむいて広げ、子どもがひと粒ずつつまみ出せるようにしましょう。

幼児　豆むきにチャレンジ！

豆むきのしかたを伝えて、チャレンジしてみましょう！　先の膨らみを上から押さえて、先だけパカッと開けてから、親指の腹で押し下げ開いていきます。器を受けて、親指の先でかき出すようにすると、一気に豆が出てきます。

春　エンドウマメ

かんたん！クッキング　エンドウマメのかき揚げ

1. 天ぷら粉を固めに溶いて、むいたエンドウマメを入れて、混ぜる。
2. ①をスプーンで揚げ油に落としながら、揚げる。
3. 塩を添えて、でき上がり。

ジャガイモ

英名の「ポテト」と呼ばれることが多くなっていますが、和名である「ジャガイモ」とも呼び、親しみましょう。

フライドポテトになるんだよ

春

旬のめやす

※本書ではジャガイモの旬を5～6月としました。

花が似ているからナスの仲間だよ

栄養・特徴・マメ知識
すごいぞ！

\ ジャガイモ /

★ナス科（ナスの花と似ている）
★デンプンとビタミンCが豊富
★水につけたり、加熱したりしても、栄養が損なわれにくい
★芽や緑色になった部分には有毒物質（ソラニン）が含まれているので必ず取り除く

芽は取らないといけないんだよ

ふれあい食育 実践LIVE
見る・におう・触る・味わう・聞く

乳児 やっぱりすき！

- 😖「おイモさん、ベタベタしてるからきらい！」
- 🙂「ホクホクのおイモさんは？」
- 😖「すき！」
- 🙂「お料理のしかたで好きなおイモさんもあるんだね」
- 😊「うん、だからおイモさんすき！」

幼児 茎が膨らむの！？

- 👦「ジャガイモは土の中で大きくなるの？」
- 👧「土の中の茎が膨らんで、おイモになるんだよ」

もっともっとすきになる 展開のヒント

春　ジャガイモ

乳児　手で皮をむこう

取れたてのジャガイモの皮は手でむけます。ただ、芽や緑色になった部分には有毒物質（ソラニン）が含まれているので、必ず取り除いておきましょう。皮をむいたジャガイモは、いろいろな料理に使ってみましょう。

幼児　「片栗粉」を作ってみよう

皮をむいてすりおろしたジャガイモを水に入れ、底に沈んだ物をしっかりと乾燥させたら、子どももよく知っている「片栗粉」になります。みんなで作った片栗粉でクッキングをしても楽しいですね。

かんたん！クッキング　おイモのお焼き

1. 皮ごとすりおろして水気を切り、形を整えフライパンで両面を焼く。
2. 焼きながらバターやサラダ油、ごま油などで風味づけする。
3. しょうゆや甘辛だれなど、好みで調味する。

見る・におう・触る・味わう・聞く
ふれあい食育実践LIVE

もっともっとすきになる 展開のヒント

春 ソラマメ

乳児 中はどうなってるの？

- 「ソラマメの中を見てみようか」
- 「ふかふかのおふとんにねてる！」
- 「おとうさんとおかあさんとあかちゃんといっしょ！」

幼児 種が空色？

- 「どうしてソラマメっていうか知ってる？」
- 「空色の種だから？」
- 「さやが空に向かって大きくなるからだよ」

乳児 そ〜っと豆をつまみ出して…

「中はどんなのかな〜」と子どもの期待感が膨らむよう、ゆっくりとさやを開け、豆を指でつまんで見せます。子どもにもつまんで取り出してもらいましょう。豆は塩ゆでにして、そのまま味わうのもいいですね。

幼児 さやを自分で開けてみよう

自分で筋を取って中を開け、豆を取り出してみましょう。食べる部分は「実」ではなく「種」です。種として硬くなっていく途中なので取り出したら、すぐに調理するか、ぬれぶきんを掛けましょう。

かんたん！クッキング 焼きソラマメ

1. 魚焼きグリルで、さやごと、表面に焦げ目が付くまで焼く。
2. さやをむきながら食べ、ソラマメそのものの味を楽しむ。

※ 好みで塩を付けて食べるとよい。

サクランボ

「サクランボ」という響き、かわいい色と形など、なんともチャーミングな果物です。

夏

旬のめやす 5月 6月 7月

こっちが赤い！

種があるよ

栄養・特徴・マメ知識
すごいぞ！
＼サクランボ／

★ビタミンCが豊富
★栄養たっぷりで、疲労回復、美肌作用もある
★主に6月が旬で、その前後1か月にさまざまな品種が登場する

太陽のおかげで赤くなるんだよ

ふれあい食育実践LIVE

見る・におう・触る・味わう・聞く

乳児 たねいっぱい！

- 👧「たね、あったよ」
- 👩「べーって出せた？」
- 👦「べー」
- 👩「みんなのたねいっぱい！おやまみたい」

幼児 赤くなるのは…

- 👧「赤いのおいしい！どうして赤くなるのかな？」
- 👩「太陽に当たって赤くなるんだよ」
- 👦「へー！ そうなんだ」
- 👧「だってプチトマトもそうだったもん！ 太陽のおかげだよ！」

もっともっとすきになる 展開のヒント

夏　サクランボ

乳児　種をうまく口から出そう

サクランボには大きな種があります。飲み込んでしまわないように、子どもたちに、種をきちんと出すよう伝えましょう。口の中の異物を舌でうまく出せることは、危険から身を守る一歩です。

幼児　大好きな収穫で学び楽しむ

サクランボを収穫するときは、木を傷めないように優しく取りましょう。サクランボが鳥たちに食べられないようひもを巡らすなど、知恵比べを楽しんでみましょう。園庭にあれば一大行事になりますね。

かんたん！クッキング　生でおいしく食べよう

1. 冷水を張ったボウルを用意する。
2. サクランボをザルごとつけて、揺する感じでさっと洗う。
※ 国産品は農薬を実に直接かけないので、これできれいに洗える。

トマト

夏

> 太陽をいっぱい浴びて赤く甘くなったトマトは、名前も姿もかわいらしく、子どもに大人気です。

ツルツル

旬のめやす: 5月・6月・7月・8月

いろいろトマト

まん丸
かわいい！

栄養・特徴・マメ知識
すごいぞ！

\ トマト /

★ 赤い色はリコピンで、ガンや動脈硬化の予防効果がある
★ ビタミンCがたっぷり
★ たくさんの"うまみ"成分が「おいしい」と感じさせる
★ 熱を加えると栄養効果やうまみが増す

ふれあい食育実践LIVE

見る・におう・触る・味わう・聞く

乳児　ジュルジュル苦手

- 👩「トマトの中のジュルジュルがおいしいよ」
- 👧「そこいやや！」
- 👩「てっぺんをちょっとかじってチューって吸ってみたら？」
- 👧「チューってできたー！」

幼児　おいしいのあげる！

- 👧「ツルツル、まっかっか！」
- 👩「ほんとだね。甘くておいしそう！」
- 👧「先生、あげる！」
- 👩「ありがとう！」

もっともっとすきになる 展開のヒント

夏　トマト

乳児　丸ごとかじって大好きに

味見をするときは、いちばんおいしいところを食べるようにします。まだ丸ごとかじる体験が少ない年齢かもしれませんが、かぶりつく体験やひと口目の味わいが、トマトを大好きにさせてくれます。

幼児　栽培にぴったりの夏野菜

プチトマトはプランターでも栽培しやすいので、ぜひ作りましょう。花が咲くようすや実が付いて赤らんでいくところなど、変化がわかりやすく楽しい活動です。収穫したらそのまま食べられるのも魅力です。

かんたん！クッキング　プチトマトのブタ肉巻き

1. プチトマトのヘタを取る。
2. 豚スライス（またはベーコン）で巻いてくしに刺す。
3. 塩・コショウをして、魚焼きグリルで焼くと、でき上がり！

エダマメ

皮をむかなくても、指先でちょっと押し出すだけで食べられる楽しさもあって、みんなが大好きです。

夏

旬のめやす：6月 7月 8月 9月

大豆の中学生がエダマメか…！

ザラザラ毛がある！

出た！

栄養・特徴・マメ知識 **すごいぞ！**

＼エダマメ／

★「畑のお肉」といわれるくらい、栄養が豊富
★ 大豆になる前はビタミンCがたっぷり
★ 枝ごとゆでて食べたことから「エダマメ」と呼ばれるようになった、という説がある

ふれあい食育実践LIVE

見る・におう・触る・味わう・聞く

もっともっとすきになる 展開のヒント

夏　エダマメ

乳児　ゆびでギューっ

- 👩「ピヨピヨの指（親指とひとさし指）でギューってしたら…ほーら」
- 👶「あったー！　まめ！」
- 👩「自分でしてみる？」
- 👶「うん、ギュー……」
- 👩「そうそう、お豆出てきたね」
- 👶「パク！」

幼児　エダマメは何歳？

- 👦「お豆は畑のお肉って言ってた！」
- 👩「大豆のことだね。エダマメは大豆の若いときだよ」
- 👦「ぼくくらい？」
- 👩「う〜ん、中学生くらいかな」

※エダマメは、大豆の未成熟な種子の呼び名です。

乳児　自分で食べるとおいしい！

成長と共に手指の操作の分化が進み、両手操作ができるようになることで、自分で豆を取り出して食べられるようになります。自分で食べることで、食への楽しさや意欲がぐんと膨らみます。

幼児　すごいぞ！　エダマメ

エダマメは炊いたり煮たり、ずんだあん（「かんたん！　クッキング」参照）にしたりと、さまざまな味わい方ができます。乾燥させて粉にしたうぐいすきなこなど、栄養たっぷりの加工品が作られることも伝えましょう。

かんたん！クッキング　ずんだあん

1. ゆでたエダマメの皮をむき、中の甘皮ごとよくすりつぶす。
2. ①の50〜80％の量の白砂糖を加えて、加熱しながらよく練る。
3. しあげに塩をひとつまみ入れ、よく混ぜて、でき上がり！

オクラ

夏

形がかわいくて、ネバネバの食感がいいので、子どもも大好きです。食欲がなくても食べやすい夏野菜です。

旬のめやす 6月 7月 8月 9月

ひげがあるよ！

お星様みたい！

においするかな？

なでなでおひげいっぱい

栄養・特徴・マメ知識
すごいぞ！

＼オクラ／

★ネバネバが元気の元
★水分、ビタミン、ミネラルをたっぷり含んでいる
★育てやすく栽培に適している
★大きくて美しい黄色の花が咲く

見る・におう・触る・味わう・聞く
ふれあい食育 実践LIVE

夏　オクラ

もっともっとすきになる 展開のヒント

乳児 星形からネバネバ！

オクラをさっと湯がいて子どもたちの目の前で切り、切り口の星形を見てみましょう。薄切りにした物を器に入れて、混ぜるとネバネバを実感できますよ。

乳児 おひげなでなで

- 「おひげ、いっぱい」
- 「ほんとだね」
- 「ふかふかのおようふくみたい！」
- 「お塩を付けてごしごししたら…ほーらつるつる」

幼児 ネバネバに「いただきます」

オクラの若くて小さな種を守るネバネバは、夏の元気の元です。そのネバネバや、次のオクラの元になる種も、自分たちの体の一部になることに感謝の気持ちを持ち、しぜんと「いただきます」が言えるようにしたいですね。

幼児 お星様スタンプ

- 「オクラを半分に切ったら、お星様になるよ」
- 「スタンプしたら、きれいかな」
- 「今度、やってみよう」

かんたん！クッキング　オクラの肉巻き

1. 豚スライスでヘタを取ったオクラを巻く。
2. 全体をよく握り、フライパンで焼く（豚肉から出る油で十分）。
3. 塩コショウで調味して、でき上がり。

ナスの皮はツルツル、キュッキュッ。ヘタはチクチク。触って楽しいナスは、夏のほてった体を冷やします。

夏

中はどんなのかな？

ツヤツヤ

キュッキュッ

栄養・特徴・マメ知識
すごいぞ！

＼ナス／

★体を冷やしてくれる
★90％以上が水分
★うす紫色の花が咲く
★長ナス、赤ナス、白ナスなど、さまざまな種類がある

夏 ナス

見る・におう・触る・味わう・聞く ふれあい食育実践LIVE

乳児　おそととおなじいろ？

- 👩「おナスのおなかの中は、どんなのかな〜？」
- 🧒「くろい〜」
- 👩「切ってみようか」
- 🧒「なんだ、いつものおナスさんだ！」

幼児　わ！長いのもある！

- 👧「この白いナスは病気？」
- 👦「違うよ。白ナスだよ」
- 👧「じゃあ、これは赤ナス？」
- 👦「そうだよ」
- 👧「この長いのは、長ナスかなあ」
- 👦「正解！」

もっともっとすきになる 展開のヒント

乳児　形や色、感触を楽しもう

まずはナスのユニークな形や独特な色、感触をみんなで楽しみ、親しみを感じましょう。そして、子どもたちの前でナスの皮をむいたり包丁で切ったりしながら、中のようすを見せ、興味を深めていきましょう。

幼児　観察と収穫を楽しもう

ナスは特別に元気な野菜です。花が咲いた分だけ実がなるので、収穫量が期待できます。栽培に適しているので、花のかわいらしさや数を観察しながら収穫を楽しみましょう。

かんたん！クッキング　ナスのベーコンステーキ

1. ヘタを取り縦半分に切る。ヘタに向かって半分に切り目を入れる。
2. 塩コショウをしてベーコンを挟む。
3. フライパンに油を敷き、ふたをして蒸し焼きにすれば、でき上がり。

イチジク

出回る時期が短く、食べる機会が少ないですが、だからこそ季節の代表ともいえる果物です。

夏

旬のめやす 8月 9月 10月

コロコロしてる〜！

甘い香りがする！

栄養・特徴・マメ知識 すごいぞ！ \イチジク/

★ 6000年前から栽培され、江戸時代に中国から伝わったとされる
★ 高血圧や動脈硬化の予防、便秘改善が期待できる
★ 消化を促進する
★ ヘタの切り口に白い液が付いている物が新鮮
★ 未熟な物は胃を痛めることがあるので要注意

ふれあい食育実践LIVE
見る・におう・触る・味わう・聞く

乳児 これしってる！

- 👶「イチジクだよ」
- 👧「たべたことある」
- 👶「好き？」
- 👧「あまいからすき！」

幼児 ツブツブの正体は？

- 👧「（イチジクを半分に切って）見て、これ、なんだと思う？」
- 👦「ツブツブだ。何かな？」
- 👧「お花なんだって！」
- 👦「え～！ お花！？」

もっともっとすきになる 展開のヒント

乳児 生で食べよう

旬の時季は、生で食べてみましょう。おなかを元気にしてくれるので、ごはんの後のデザートにいいことを伝えましょう。ただし、未熟な物は胃を痛めることがあるので、注意が必要です。

幼児 不思議な構造に興味を持って

イチジクの中にあるツブツブは、とても小さいですが花です。「花が咲かないのに実がなる」と間違えやすいのは、花の小ささと咲く場所が独特だからです。イチジクの断面をよく観察しましょう。見れば見るほど不思議ですよ。

夏 イチジク

かんたん！クッキング イチジクのワイン煮

1. 皮をむき、鍋に入れ、白ワインと砂糖少々を加えて中火で煮込む。
2. アルコールが飛んでピンク色のシロップになったら火を止める。
3. 冷蔵庫で冷やして、でき上がり。

スイカ

「スイカ」と聞くだけで夏を連想します。幼いころの夏の思い出にも必ず登場してくれます。

夏

ここが甘いところ！

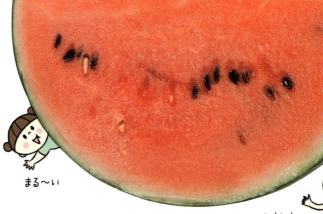

まる〜い

しましま模様だ！

旬のめやす 7月 8月

種は真っ黒と白いのがあるのね

栄養・特徴・マメ知識
すごいぞ！

＼ スイカ ／

★水分補給とともに利尿作用もあり、夏バテ防止に効果あり
★90％以上が水分
★収穫直後がいちばん甘い

ふれあい食育 実践LIVE

見る・におう・触る・味わう・聞く

乳児 パクッ！

- 「食べやすいように、先が細い三角に切ったよ」
- 「ありがとう」
- 「パクッ！ おいしい！」

幼児 すごい飛んだよ！

- 「種もいっしょに口に入れて、種だけ後で出すよ」
- 「種4つ出てきた！」
- 「園庭に向かって、種飛ばししようか。ひとつずつね」
- 「プッ！ すごい飛んだよ！」

もっともっとすきになる 展開のヒント

夏 スイカ

乳児 種の取り方

スイカを食べるときは、子どもと種を見つけ、そのつど、保育者がつまようじで取り除きましょう。2歳児は、自分でしたい子どもにはつまようじを持たせ、そうでない子どもには保育者が援助します。

幼児 スイカの力を知ろう！

子どもたちが理解できるわかりやすいルールを考え、スイカ割りを楽しみましょう。野菜の仲間でもあるスイカは、夏バテ防止や体にたまった悪いものをおしっこにして出す力があることも知らせたいですね。

かんたん！クッキング スイカ糖

① スイカをガーゼで包んで絞る。
② ①を鍋に入れ、灰汁を取りながら、とろみがつくまで煮詰める。
③ 体を温め、解毒作用があるシロップのでき上がり。

トウモロコシ

お日様をいっぱい浴びて大きく実るトウモロコシは、夏のごちそうです。旬のおいしさを味わいましょう。

夏

旬のめやす：6月 7月 8月 9月

ピカピカ

大きい葉っぱ！

ガブガブ

栄養・特徴・マメ知識
すごいぞ！

＼トウモロコシ／

★ 食物繊維が豊富
★ 実とヒゲはつながっているため、数は同じ
★ 爆裂種はポップコーンの元
★ 茶、油、酒などの原料にもなる

ふれあい食育 実践LIVE
見る・におう・触る・味わう・聞く

乳児　むきむきする〜！

- 「皮がむけるよ！　引っ張ってみて！」
- 「シューってむける！」
- 「きいろいのでてきたー！」
- 「つぶつぶいっぱい！」
- 「おヒゲが付いてるねぇ」
- 「むしゃむしゃやー」

幼児　実の行列や！

- （トウモロコシの皮をむいて）
- 「このヒゲ気持ちいい！」
- 「ほんとね、これよーく見て」
- 「…あ！　トウモロコシの粒と1個1個つながってる！」
- 「実ってことやな！　実の行列や！」

もっともっとすきになる 展開のヒント

夏　トウモロコシ

乳児　バナナのようにシューっとむこう

バナナのようにシューっと皮をむくと、中の黄色いつぶつぶが顔を出します。食べるときは、1cmくらいの輪切りにしましょう。かみ切る力が弱くても、甘さをいちばん感じることができますよ。

幼児　皮むきで構造を知ろう

ヒゲはトウモロコシのめしべです。皮をむくことで、トウモロコシの構造に興味を持つきっかけになります。皮むきの後は、みんなで図鑑などを見ながら興味・関心を深めてもよいですね。

かんたん！クッキング　トウモロコシのかき揚げ

1. トウモロコシの身を包丁でそぎ落とす。
2. 揚げ衣にからめて揚げて、でき上がり！
※ 好みで塩を付ける。

カボチャ

> カボチャは、離乳食てもおやつてもなんてもおいしくなる、夏に収穫できる野菜の王様です。

夏

種いっぱい

旬のめやす
1月 2月 3月 4月 5月 6月 7月 8月 9月 10月 11月 12月

重たい…!

栄養・特徴・マメ知識
すごいぞ!

＼カボチャ／

★ 切らなければ日持ちするので年中食べられる
★ カロテンやビタミンなど栄養たっぷり。皮にも栄養がある
★ かぜ、便秘に効く

ふれあい食育 実践LIVE
見る・におう・触る・味わう・聞く

乳児　だっこする〜！

- 👩「カボチャ、大きいねえ」
- 👶「うん！」
- 👩「だっこする？」
- 👶「うーーーーーん…」
- 👩「力持ちだね。大きいのだっこしたねぇ」
- 👶「おもいなぁ！」

幼児　栄養たっぷり！

- 👩「カボチャは栄養たっぷりだよ」
- 👧「かぜひきさんにも効くよ！」
- 👦「うんちも出すよ！」
- 👩「よく知ってるねぇ！」
- 👧「じゃあ、毎日食べたい！」
- 👦「わたしも！」

もっともっとすきになる 展開のヒント

夏　カボチャ

乳児　おなかはどんなの？

丸ごとのカボチャに触れてみましょう。触ったときのゴツゴツとした感触、だっこしたときの重さを知った後は、子どもたちの目の前で切って、中身を見せてみましょう。種の多さやフサフサに興味津々です。

幼児　栽培して観察しよう

カボチャは栽培に適しています。キュウリやズッキーニと同じような黄色の花を咲かせます。花を観察したり、実の生長を記録したりと、栽培過程を楽しみながら、収穫への期待を膨らませたいですね。

かんたん！クッキング　カボチャのチーズ焼き

1. 1cm幅のくし形に切り、油を入れたフライパンに並べる。
2. ひっくり返して塩・コショウ・チーズを乗せる。
3. ふたをして蒸し焼きにすれば、でき上がり。

ブドウ

> ブドウの形の美しさは、まるで宝石のようです。それをひと粒ひと粒食べる楽しさが、ブドウの魅力です。

秋

旬のめやす 8月 9月 10月

ツヤツヤ〜！

種！

いいにおい

種出せたよ

栄養・特徴・マメ知識
すごいぞ！

\ ブドウ /

★ すぐエネルギーになる糖質が主成分
★ 皮はアントシアニンが豊富
★ ブドウ糖の語源

ふれあい食育 実践LIVE
見る・におう・触る・味わう・聞く

もっともっとすきになる 展開のヒント

秋 ブドウ

乳児　たねはある？ ない？

- 「このブドウは種が出てくるかな〜？」
- 「でてくるよ」
- 「どうかな〜？」
- 「たね、なかったよ！」

幼児　皮も食べよ！

- 「ブドウを作っているおじさんが、皮も食べてくださいって」
- 「皮もおいしいね」
- 「栄養もあるって言ってた」
- 「そうだね！」

乳児　皮も種も口に入れて

房からもぎ取りながら食べる体験をしましょう。皮や種も口に入れて、食べられない物は出せるように、食べ方、種の出し方などは保育者が手本を示すとよいでしょう。指に紫色が付くのもいい経験ですね。

幼児　種類の違いを楽しもう

ブドウにはさまざまな種類があります。「これは巨峰だよ」など、そのつど、品種名を伝えて、品種による色や味わいの違いを楽しみましょう。アイスのように凍らせて食べるなど、食べ方を変えてみてもよいでしょう。

かんたん！クッキング　巨峰のゼリー

1. 鍋に水と皮を入れ、もんでうま味や色を出し、取り出す。
2. ❶に粉寒天やゼラチンなどを加えて煮溶かし、砂糖を加え粗熱を取る。
3. 皮をむいた実を入れた容器に❷を流し込み、冷やして固める。

洋ナシ

ふだんは食べる機会が少ない果物かもしれませんが、絵本やイラストなどではなじみ深い果物ですね。

秋

おもしろい形！

いいにおい

旬のめやす
9月・10月・11月・12月

つんつん

栄養・特徴・マメ知識
すごいぞ！

＼洋ナシ／

★20℃前後で2週間〜1か月置くと、デンプンが糖分に変わり、ペクチンが増して、甘み、香り、クリーミーさが味わえる
★食物繊維やカリウムが豊富
★便秘・高血圧予防・動脈硬化予防・せき止め・がん予防に効果的

ツヤツヤ

ふれあい食育実践LIVE

見る・におう・触る・味わう・聞く

もっともっとすきになる 展開のヒント

秋　洋ナシ

乳児　おいしそう…

- 「今日のおやつは洋ナシです」
- 「つるつるしてる！」
- 「いいにおいがする！」

▲柔らかくした洋ナシを、コップに入れて見ています。

幼児　押さえてみたら…

- 「触ると柔らかい」
- 「取ってから少し時間がたってるからだよ」
- 「取れたてじゃないの？」
- 「取れたてよりおいしいんだよ」

乳児　形が違うけどどれも洋ナシ？

形が不ぞろいですが、どれも同じ洋ナシです。まずは、子どもたちに洋ナシをいくつか見せ、いろいろな感触を楽しみましょう。皮の上からでも甘い香りがするので、においも十分に味わってから食べるとまた格別です。

幼児　いろいろな色がある！

洋ナシには、ラ・フランス、バートレット、ル・レクチエなど、いくつかの種類があります。緑や黄色、赤い物など色がさまざまで、においも味も違うけれどもみんな洋ナシの仲間だということを伝え、洋ナシへの興味を引き出しましょう。

かんたん！クッキング　コンポート

1. 洋ナシをくし形に切り、皮をむく。
2. 鍋にワインと砂糖と❶を入れ、煮てアルコールを飛ばす。
3. 冷蔵庫で冷やして、でき上がり！　小さく切って冷凍するとシャーベットにも。

サトイモ

根菜がおいしくなる季節にいち早く出回るサトイモに秋の訪れを感じながら、味わいましょう。

秋

おひげがいっぱい

旬のめやす
1 2 3 4 5 6 7 8 9月 10月 11月 12月

コロコロしてる！

根っこがいっぱい！

栄養・特徴・マメ知識
すごいぞ！

\サトイモ/

★水分以外のほとんどがデンプンで、カリウム、食物繊維もたっぷり
★茎が太ったところを食す
★ぬめり成分は免疫力を高める効果がある

見る・におう・触る・味わう・聞く

ふれあい食育 実践LIVE

乳児 くっついてる!

- 👧「サトイモ、見て〜」
- 👦「ちいさいのいっぱいある〜」
- 👧「おかあさんイモに赤ちゃんイモがくっついてるね」

幼児 ここも食べられる?

- 👧「おイモ以外に食べられるところがあります」
- 👦「長いところも食べられるって、おばあちゃんが言ってた」
- 👧「そう! 長いのは芋茎（ずいき）っていって、食べられる茎の部分なんだよ」

もっともっとすきになる 展開のヒント

秋 サトイモ

乳児 そのままの姿を食べよう

初めて食べるときは、サトイモの姿がそのまま残る「きぬかつぎ（小さめのサトイモをきれいに洗って皮ごと蒸した物）」がいいですね。皮をむきながら「おいしくなあれ」と塩を少し振って、楽しく食べましょう。

幼児 豆知識を豊富に

サトイモは焼いたり揚げたりして食べられます。クッキングのときは、ぬめり成分がかゆみを感じさせるので、切り口などに触れないようにします。サトイモを触る前に、手に水で薄めた酢を付けておくとかゆみが軽減されます。

かんたん! クッキング サトイモのから揚げ

1. サトイモの皮をむき、食べやすい大きさに切る（水にさらさない）。
2. しょうゆをかけ、塩をまぶして、しばらく置く。
3. 片栗粉を付け、油で揚げて、でき上がり!

クリ

「クリ」は形がかわいく、呼び名もチャーミング。触ると痛いイガも、子どもたちには楽しい出会いです。

秋 — 旬のめやす 9月・10月

チクチクいっぱい！

ピカってしてる！

ゴリゴリ

栄養・特徴・マメ知識 すごいぞ！

\ クリ /

★ イガの中のクリは、硬い鬼皮と薄い渋皮に覆われている
★ ビタミンやカリウムを含む

ふれあい食育 実践LIVE
見る・におう・触る・味わう・聞く

乳児 クリだー！

- 👩「イガに触ってみる？」
- 🧒「キャー！」
- 🧒「チクチク！」
- 👩「イガをむくと…ほら、クリ！」
- 🧒「チクチクは、クリのふく！」

幼児 むいてあげるよ

- 🧒「このイガ、むいてあげようか？」
- 👩「わー、助かる！」
- 🧒「おはしでぎゅーって広げたら、中の実が取れるよ」
- 🧒「押さえてるから、〇〇ちゃん、中のクリ取って！」
- 🧒「手で持っても中だったら痛くないね！」
- 🧒「でもイガは痛いし、皮は硬いし、なかなか食べられないね」

もっともっとすきになる 展開のヒント

秋　クリ

乳児　クリって不思議！

まずは「これなーんだ？」とイガを見せます。そして、イガを割ってクリを取り出し、子どもにクリとの新鮮な出会いの機会をつくりましょう。また、イガをそっと触ると、構造の不思議を体感できますよ。

幼児　イガをむいてみよう

子どもは、楽しみながらお手伝いにもなる活動が大好きです。イガをむく体験をしましょう。靴を履いて、足でイガを外すのは、力とバランスが必要です。保育者が援助をしつつ、安全に行ないましょう。むいたクリを自分たちでゆでて食べると、おいしさも倍増です。

かんたん！クッキング　かんたん！クリの皮むき

1. 鍋にクリと、浸かるくらいの水を入れて、沸騰させる。
2. 3分たったら火を止めて、手で持てるようになるまで冷ます。
3. 膨らんでいるほうに包丁を入れると、渋皮ごとパッカリとはがれる。

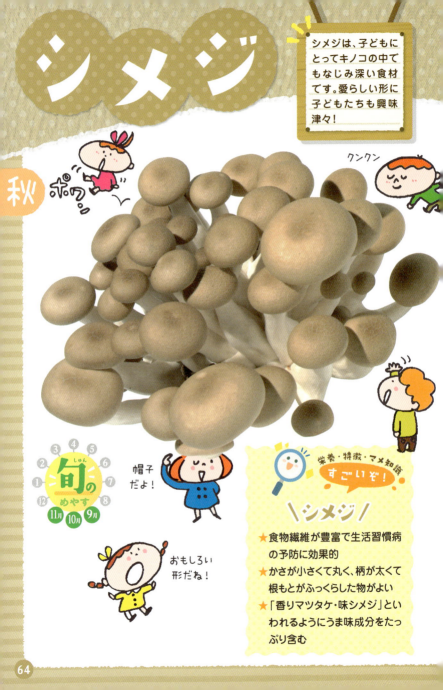

シメジ

シメジは、子どもにとってキノコの中でもなじみ深い食材です。愛らしい形に子どもたちも興味津々！

秋

クンクン

ポッ

旬のめやす
9月・10月・11月

帽子だよ！

おもしろい形だね！

栄養・特徴・マメ知識 すごいぞ！

シメジ

★ 食物繊維が豊富で生活習慣病の予防に効果的
★ かさが小さくて丸く、柄が太くて根もとがふっくらした物がよい
★ 「香りマツタケ・味シメジ」といわれるようにうま味成分をたっぷり含む

ふれあい食育実践LIVE
見る・におう・触る・味わう・聞く

乳児　ニュルンがきらい

- 👧「ニュルンってするのが、きらい」
- 👩「コリコリするのは？」
- 👧「すき！」
- 👩「じゃあ、キノコ汁を作るね」

幼児　どんな形？

- 👦「不思議な形だね」
- 👧「1本だったら、帽子みたい」
- 👧「大きいシメジがあったら、かぶってみたい」

もっともっとすきになる 展開のヒント

秋　シメジ

乳児　おもしろい形をしているね

シメジを房ごと見せて、おもしろい形を楽しみましょう。そして、香りをかいだり、1本ずつほぐしたりして、親しんでいきます。ニュルンとした食感が苦手な場合は、キノコ汁を作るとよいでしょう。

幼児　特徴の違いを知ろう

シメジの仲間には、ブナシメジ、ヒラタケ、ホンシメジなどがあります。出回っている物はシメジやヒラタケです。ホンシメジの天然物は希少で高級品です。かさの形やほかのキノコの仲間を、図鑑で調べてみましょう。

かんたん！クッキング　シメジのかか煮

1. しょうゆ・砂糖・みりんを煮たてる。
2. ほぐしたシメジを入れ、水分がなくなるまで煮詰める。
3. しあげに花ガツオをまぶす。

大豆

秋

「畑のお肉」といわれる大豆はみそ、しょうゆ、豆腐などの原料でもあり、食生活になくてはならない物です。

おしょうゆになるんだよ!

小さくてかわいい!

元気になるよ!

旬のめやす
1・2・3・4・5・6・7・8・9・10月・11月・12月

栄養・特徴・マメ知識
すごいぞ!

＼大豆／

★ 縄文時代から米・麦・粟・キビ・大豆を五穀として食べてきた
★ タンパク質が多い
★ がん予防効果があり、集中力や記憶力がアップ
★ やせた土地でもよく育つ
★ 表面に張りとつやのある粒のそろった物がよい

ふれあい食育実践LIVE

見る・におう・触る・味わう・聞く

もっともっとすきになる 展開のヒント

秋 大豆

乳児 ちょっとだけなら

- 「おまめさん…いや」
- 「そう、いやなん?」
- 「ちょっとだけすきやで」
- 「ちょっとだけお味見したら?」
- 「ちょっとだけな」

幼児 コロコロかわいい

- 「大豆って、小さくてかわいいな」
- 「コロコロしているね」
- 「いろいろな物に変身するんやって」
- 「今度、お料理作ってみる?」

▼節分の炒り豆作りをして遊んでいます。

乳児 大豆を食べて元気モリモリ

大豆は「畑のお肉」といわれるくらいに栄養が豊富です。「小さいけど元気の元がいっぱい詰まっているよ」「食べると元気がモリモリわくよ」など伝えましょう。

幼児 大豆からできている物、な〜んだ?

子どもたちに「大豆からできている物って何かな?」と聞き、考えてみましょう。みそ、しょうゆ、豆腐、納豆、きな粉など、形が変わっても、どれも栄養が豊富なので、毎日食べると体によいことも知らせます。

かんたん!クッキング ぶどうまめ

1. 乾燥大豆をひと晩、水につける。
2. 指でつぶれるくらい軟らかくなるまで煮る。
3. 砂糖、しょうゆ、塩、みりんで味を調え、弱火で煮る。

サツマイモ

離乳食やおやつにも大活躍のサツマイモは、成長期の子どもの強い味方。秋を代表する「おイモさん」です。

秋

旬のめやす
1・2・3・4・5・6・7・8・9月・10月・11月・12月

おいしいかな〜

ゴツゴツしてる！

焼きイモできるかな

やきいもジャンケン
ジャンケン
ポン！

栄養・特徴・マメ知識
すごいぞ！

\ サツマイモ /

★主成分はデンプンで、加熱すると甘みが増す
★消化吸収がよい
★食物繊維が豊富でおなかの調子を良くしてくれる
★ビタミンも多く、栄養価が高い

ふれあい食育 実践LIVE
見る・におう・触る・味わう・聞く

もっともっとすきになる 展開のヒント

秋 サツマイモ

乳児　おもいよ～

- 👧「おイモさんだよ」
- 👦「おっきい」
- 👧「ひげもあるよ」
- 👦「おもいよ～」

幼児　お薬かな？

- 👧「サツマイモの切り口から出る白い液が、ウンチを柔らかくしてくれるよ」
- 👦「お薬みたい」
- 👧「食べ物はお薬と同じ役目をいっぱい持ってるよ」
- 👦「だから、食べたら元気になるのか～」

乳児　サツマイモの形のままで食べよう

サツマイモの形がそのまま料理になる焼きイモや蒸しイモは、乳児にとって食材から食事として出されるまでの見通しを持ちやすい物です。表皮近くの成分は消化吸収を助けるので、蒸しイモなどは皮ごと食べましょう。

幼児　焼きイモ大好き！

ホクホクで甘い焼きイモは、子どもの大好物。甘さを出すには、じっくりと加熱することが必要です。「どんな味かな？」「中はどんな色だろうね」など焼き上がりを心待ちにしたり、分け合いながら食べたりして、素敵な焼きイモ体験にしましょう。

かんたん！クッキング　ホットプレートで作る大学イモ

1. サツマイモを乱切りにし、水にさらして灰汁（あく）を取り、水分をふく。
2. ホットプレートに砂糖と油を混ぜ合わせ、その上にイモを並べる。
3. ふたをして、柔らかくなったらひっくり返しふたを取り水分を飛ばす。

シイタケ

子どもたちは、形のかわいさやわかりやすさから、キノコといえば「シイタケ」をイメージするほど身近な秋の食材です。

秋

き・き・きのこ〜

旬のめやす
9月 10月 11月

プニプニ

いいにおいがするよ

栄養・特徴・マメ知識
すごいぞ！

\ シイタケ /

- ★ 低カロリーでミネラルや食物繊維が豊富
- ★ 菌から育つ
- ★ 裏のひだや石突きがよく香る
- ★ 部屋の中で栽培しやすい

ふれあい食育実践LIVE

見る・におう・触る・味わう・聞く

乳児　き・き・きのこ♪

- 「キノコの仲間、シイタケさんだよ」
- 「♪き・き・きのこ　き・き・きのこ　きのこのこのこの～♪」

(「きのこ」作詞：まど・みちお　作曲：くらかけ昭二)

幼児　弱そうなのに…

- 「シイタケは悪い菌をやっつけてくれるよ」
- 「フニャフニャで弱そうに見えるのに、こっそり強いんだね！」

もっともっとすきになる 展開のヒント

秋　シイタケ

乳児　香りをたっぷりかごう

シイタケは、かさの表よりも、裏にあるひだの部分や石突きのほうがよく香ります。シイタケの食感を苦手と感じる1歳児は多いです。見たり触ったりかいだりしながらシイタケになじんでいくといいですね。

幼児　じっくりと観察しよう

シイタケは種や根っこではなく「菌」から育ちます。部屋の中で栽培しやすいので、じっくりと成長のようすを観察できるといいですね。収穫したシイタケは、天日にさらし、干しシイタケを作り、香りの変化を楽しみましょう。

かんたん！クッキング　シイタケのごちそう焼き

1. シイタケを洗い、石突きを取る。
2. 裏返し、マヨネーズと粉チーズを振りかける。
3. オーブンで焼く（魚焼きグリル・オーブントースター可）。

カキ

家の庭先や里山など、広く日本の風景に秋の彩りを添えてくれるカキ。日本人の生活に密着してきた果物です。

秋

旬のめやす
11月 10月 9月

種あった!!

栄養・特徴・マメ知識
すごいぞ!

\ カキ /

★カロテンが多く、かぜ予防に効果的
★ビタミンCはかんきつ類の約2倍
★干しガキは、食物繊維も豊富な健康食材

秋 カキ

ふれあい食育実践LIVE
見る・におう・触る・味わう・聞く

乳児 ツルツルピカピカ

- 「カキ！」
- 「ツルツルしているね」
- 「ツルツル…」
- 「ゴシゴシしたら、ピカピカになったよ」
- 「ゴシゴシ、ピカピカ」

幼児 渋ガキ、干しガキ

- 「これは『富有ガキ』っていう種類だよ」
- 「渋ガキもあるよ」
- 「干しガキを作るカキだね」
- 「栄養たっぷりの干しガキを作ろうか」

もっともっとすきになる 展開のヒント

乳児 その場でむいて食べよう

カキは形や色がかわいいので、まずは見て触って、親しみを感じてもらいましょう。そして、子どもの目の前で皮をむいてその場で食べると、手に触れたカキと味や食感が結び付きやすく、カキが大好きになるきっかけになります。

幼児 芽の生長を観察しよう

カキは種の中の芽がはっきりと見えるので、芽の生長がよくわかります。種を半分に切って見てみましょう。干しガキ作りにも挑戦しましょう。皮をむいてひもを付け、10秒くらい熱湯につけてから、外気温15℃以下で3週間ほど干します。

かんたん！クッキング ダイコンのカキ漬け

1. 軟らかく熟したカキを皮ごと手でつぶす。
2. ①に塩を混ぜ、拍子切りしたダイコンを漬け込む。
3. ダイコンだけ取り出して、洗わずに食べる。

リンゴ

リンゴは、体が元気なときはもちろん、体調が悪いときにもお世話になる、ありがたい果物です。

秋

お薬みたいに体にいいんだよ

旬のめやす: 10月・11月・12月

ピカピカしてる

ウサギさんだー！

栄養・特徴・マメ知識 すごいぞ！

＼リンゴ／

★ 品種が豊富
★ ビタミン、ミネラル、カリウム、食物繊維がたっぷり
★ 疲れを取り、体調を良くする
★ 皮にも栄養が詰まっている

ふれあい食育実践LIVE
見る・におう・触る・味わう・聞く

乳児　ウサギさんして

- 👩「皮むいてみようか?」
- 👦「クルクルってして」
- 👦「ウサギさんして」
- 👧「ウサギさんのみみもたべていい?」

幼児　毎日食べたい!

- 👧「リンゴはおなかの調子を良くしてくれるよ」
- 👦「お薬みたい」
- 👧「こんなおいしいお薬だったら毎日食べたい!」

もっともっとすきになる 展開のヒント

秋　リンゴ

乳児　目の前で皮をむこう

子どもの目の前でリンゴの皮をクルクルむいたり、切り分けたりしましょう。子どもは、待つことや分け合って食べることなどを体験します。毎日の食卓でのちょっとした工夫で、大きな食育につながりますね。

幼児　リンゴは「クリーンフーズ」

リンゴは、歯をきれいにする「クリーンフーズ」の仲間です。「食べるときシャキシャキ、ポリポリ、ゴリゴリと音がするのは、歯をきれいにしてくれているからだよ」と伝えましょう。

かんたん! クッキング　アップルティー

1. 紅茶(ダージリン)といっしょにリンゴの皮を入れ、お湯を注ぐ。
※ 皮は4人分でリンゴ1個がめやす。
2. 10分そのまま置き、茶葉と皮をこして、でき上がり。

ふれあい食育 実践LIVE
見る・におう・触る・味わう・聞く

もっともっとすきになる 展開のヒント

冬 ニンジン

乳児 　なで〜なで〜

- 👶「じんじん……」
- 👩「そう、ニンジンだね。赤〜いニンジン、なでなでしてみる？」
- 👶「なで〜なで〜」
- 👶「なで〜なで〜」

幼児 　それはなんの花？

- 👩「これ、なんの花でしょう？」
- 🧒「うーん…？」
- 👩「じゃあ、この葉っぱは？」
- 🧒「ニンジン！　さっきの花もニンジン？」
- 👩「そう！　ニンジンを本で調べてみようか」

乳児 　食べたくなることばがけを

見て触るだけでなく、味をしっかりと味わうことも大切な食育活動です。野菜スティックを保育者が先に食べて「ポリポリ…甘〜い！」と言って子どもの食べたい気持ちを引き出すなど、ことばがけを工夫しましょう。

幼児 　調べて食べよう

ニンジンは、栽培をする機会があまりないため、葉っぱや花、種のことを知らずに食べる子どもがほとんどです。実物は見ることができなくても、図鑑や絵本などでニンジンを調べて知っていけるといいですね。

かんたん！クッキング　カロテン和え

1. ホウレンソウ・ニンジン・カボチャを洗う。
2. ホウレンソウ・ニンジン・カボチャを、それぞれ切ってゆでる。
3. 花カツオ・砂糖・しょうゆで和えたら、でき上がり！

カブ

「うんとこしょ！どっこいしょ！」と言うだけで「カブ」とわかるほど、絵本でなじみのある野菜です。

冬

旬のめやす
10月・11月・12月

葉っぱ大きい！

おおきなかぶ

ツルツル〜！

甘い！！
モグモグ

栄養・特徴・マメ知識 すごいぞ！ \ カブ /

★ デンプンの消化吸収を助け、胃腸の調子を整える
★ 生で食べてもおいしい
★ 春の七草のひとつで「スズナ」ともいわれる
★ 葉も柔らかくておいしい
★ ずっしり重い物がよく、寒くなると甘味が増す

ふれあい食育実践LIVE
見る・におう・触る・味わう・聞く

乳児 ほんとにあまい！

- 👩「『あまくておおきな』カブや」
- 👩「ほんとうに甘いか、お味見してみようか」
- 👧「あまい！」
- 👦「もっとたべたい！」

幼児 お漬物にしてた！

- 👦「こんな葉っぱなんだ」
- 👧「カブって赤いのもあるんやな」
- 👩「赤カブだよ」
- 👩「おばあちゃんがお漬物にしてたわ！」

もっともっとすきになる 展開のヒント

カブ（冬）

乳児 ごっこ遊びからつなげよう

本物のカブを使って「うんとこしょどっこいしょ！」と『おおきなかぶ』ごっこを楽しむのもいいですね。畑があれば、実際に力を合わせて抜いたカブをみんなで給食室に届けるなど、かかわりを持つ機会を増やしたいですね。

幼児 春の七草のひとつ

子どもたちに、春の七草の「スズナ」が、カブのことだと伝えましょう。興味が高まったら、図鑑などで調べて、赤カブや小カブなど種類がたくさんあることも確認し、どんな味がするか、想像を膨らませましょう。

かんたん！クッキング ささっと和え

1. カブの皮をむく。
2. 食べやすい大きさで、くし形に切る。
3. 塩コンブをささっと混ぜて、でき上がり！

ふれあい食育実践LIVE
見る・におう・触る・味わう・聞く

もっともっとすきになる 展開のヒント

冬 ミズナ

乳児 シャキっていった

- 👩「食べるとき、シャキシャキって音がするよ。よ〜く聞いてね」
- 👧「シャキっていった！」

幼児 いっぱい食べたい

- 👩「ビタミンCやカルシウムがあるんだよ」
- 👧「骨が強くなる！」
- 👦「これで骨が強くなるのか！」
- 👧「いっぱい食べとこう！」

乳児 シャキシャキを楽しもう

ミズナは、子どもが好んで食べる野菜ではありません。しかし食感がよいので、シャキシャキという音を楽しむように食べたいですね。食べるとき「音をよく聞いてみて」など声をかけましょう。意識すると聞こえてくる音があります。

幼児 栽培して取れたてを味わおう

園での栽培に適しています。種をまいて30日で収穫できます。生長の変化を楽しく観察できるのも魅力です。栽培すると、取れたての柔らかさや新鮮さを味わうことができます。シャキシャキの食感を楽しみましょう。

かんたん！クッキング ミズナのサラダ

1. ミズナを3cmに切る。
2. 薄揚げをこんがりと焼いて、細く切る。
3. ❶❷を、ゴマ油・すりゴマ・しょうゆのドレッシングで和える。

ダイコン

品種が多く、年中取れるなじみのある野菜ですが、冬が甘味も増していちばんおいしい季節です。

冬

旬のめやす
11月 12月 1月 2月

葉っぱも食べられるんだよ

ユサユサ…怖い…

冷たい！

重そう〜！

太いね！

栄養・特徴・マメ知識
すごいぞ！

\ ダイコン /

★ 根の部分は95％が水分で、ビタミンCが豊富
★ 葉も食べられる
★ 日本書紀にも登場するほど歴史が古い

ふれあい食育実践LIVE

見る・におう・触る・味わう・聞く

乳児 こわいけど…

- 「ダイコンさん、だっこしたい人はどうぞ」
- 「こわい…」
- 「だいじょうぶよ！ このユサユサは葉っぱよ」
- 「だっこする！」

幼児 育ててみたい！

- 「ダイコン好き？」
- 「うん。ダイコンの花、見たことある」
- 「花があったら、種もあるね」
- 「育ててみたいな！」
- 「買ってきて、育てようか」

もっともっとすきになる 展開のヒント

冬 ダイコン

乳児 葉付きダイコンを見てみよう

ダイコンなどの根菜は、葉を付けた物を見ることで全体が理解できます。葉の部分も料理すれば全部食べられることも知らせたいですね。葉をしごき取るお手伝いなどは、見通しが持てるのでオススメです。

幼児 栽培してみよう

ハツカダイコンやマルダイコンなど、園でも容易に作れる品種を選んで栽培してみましょう。芽が出て双葉が育ち本葉が茂り…と、生長が早く、世話を楽しめます。間引き菜を即席漬けにするのもいいですね。

かんたん！クッキング ダイコンステーキ

1. 皮をむいて2〜3cmの輪切りにし、柔らかくなるまで湯がく。
2. フライパンにバターを敷き、両面を焦げ目が付くまで焼く。
3. しょうゆをかけ、バターを乗せて、でき上がり！

ホウレンソウ

寒い季節に旬を迎えます。おいしい季節にしっかり味わって、大好きになってほしいですね。

冬

緑の野菜の王様か

先が赤っぽいね

栄養・特徴・マメ知識 すごいぞ！
＼ホウレンソウ／

★鉄分を多く含む
★ビタミンA・Cが豊富
★血糖値の上昇を抑える働きがある
★灰汁(あく)を含むので生食は避ける（生食用の物は可）

ふれあい食育実践LIVE
見る・におう・触る・味わう・聞く

もっともっとすきになる 展開のヒント

冬 ホウレンソウ

乳児 おうさまたべたい

- 「ホウレンソウは緑の野菜の王様だよ」
- 「おうさま…」
- 「甘くて、栄養たっぷりだよ」
- 「たべたい!」

幼児 おいしいかも…

- 「今日の献立はホウレンソウのゴマ和えです」
- 「えー、ホウレンソウ嫌い」
- 「大好きなゴマがたっぷりだよ」
- 「ゴマは好きでしょ?」
- 「ゴマは好きだよ、だっておいしいもん!」
- 「好きなゴマがたっぷりだから、おいしいかもしれないよ」
- 「うん…おいしいかもしれないね」

乳児 葉も根っこも見せよう

ホウレンソウをそのまま見せ、冬には大きな葉っぱや茎がおいしいことを話します。また、子どもたちがふだんは目にしない根っこも見せ、フサフサで土から栄養を吸い取っていることも伝えましょう。

幼児 クッキングを通して特性を知ろう

ホウレンソウは、気温が5℃以下になると生長が止まり、甘味や栄養価が増します。この特性を伝え、ホウレンソウがおいしい季節にクッキングをしましょう。灰汁を取るため、まずはゆでて水にさらすようにしましょう。

かんたん!クッキング ホウレンソウの皮なしキッシュ

1. 卵を割って、ほぐす。ホウレンソウはゆでて刻んでおく。
2. ①にホウレンソウ、チーズ、タマネギ、ハム、塩・コショウを入れ、混ぜる。
3. クッキングシートを敷いたフライパンに流してふたをし、弱火で蒸し焼きにする。

ブロッコリー

調理がかんたんで捨てるところはなく、栄養たっぷりでおいしい！ 四拍子そろった、緑鮮やかな野菜です。

冬

フサフサだ〜！

旬のめやす
11月 12月 1月 2月 3月 4 5 6 7 8 9 10

ギュッ！

お花咲いたよ！

栄養・特徴・マメ知識
すごいぞ！

＼ブロッコリー／

★ カロテンとビタミンCが豊富で栄養満点
★ 食べているのはつぼみ（花蕾（からい））で、芯（しん）もおいしい
★ キャベツの仲間

見る・におう・触る・味わう・聞く
ふれあい食育 実践LIVE

冬 ブロッコリー

乳児 だいじだいじ

- 「大きな葉っぱが付いてるね」
- 「はっぱにだっこしてもらってる」
- 「ほんとうだね」
- 「だいじだいじしてもらってる！」

幼児 花が咲くかな？

- 「食べてるのは、全部つぼみだよ」
- 「何日かたったら、花が咲く？」
- 「そうだよ」
- 「お水につけてみよう！」

もっともっとすきになる 展開のヒント

乳児 固さや重さを感じよう

食べる花蕾（からい）の固さやずっしり感を、手で触ったりだっこをしたりして感じましょう。目の前で食べる大きさに切り分けることで、いつも食べているブロッコリーの姿とつながります。

幼児 栽培して興味を持とう

花蕾（からい）を食べるブロッコリーは、形も構造も不思議でユニークな野菜です。水栽培して花が咲くのを確かめたり、種を発芽させてスプラウト（新芽野菜）として栽培したりするのも楽しいですね。

かんたん！クッキング ブロッコリーの芯のサラダ

1. ブロッコリーの芯の皮をむく。
2. 3mmくらいの輪切りにして、器に盛りつける。
3. ドレッシングやタルタルソースをかける（つぼみ部分を盛りつけてもよい）。

ふれあい食育実践LIVE
見る・におう・触る・味わう・聞く

乳児 おもた〜い

- 👩「だっこする？」
- 👧「したい！」
- 👧「おもた〜い」
- 👩「どうしてそんなに重たいのかな。中を見てみようか」

幼児 中もぎっしり

- 👧「切って中を見てみよう」
- 👧「キャベツみたいに中も葉がぎっしり」
- 👧「なんか蕾(つぼみ)みたいなのがある」
- 👧「花が咲くのかな」

もっともっとすきになる 展開のヒント

冬 ハクサイ

乳児 食べて感じてみよう

ハクサイの葉を1枚ずつはがす体験をして、調理へ。ホウレンソウやキクナ、ニンジンなどと和え物にし、「ハクサイはどれかな」「見つけたら教えてね」「食べたらどんな音がする？」など、意識して食べられるよう工夫しましょう。

幼児 どっちが好き？

葉先は柔らかく、白いシャキシャキした部分とまったく違う味わいがあることも、食べながら感じたいですね。どっちが好みか、その理由なども伝え合いながら食べることで食の幅が広がっていきます。

かんたん！クッキング　ハクサイのサッと煮

1. 白い部分は3cmの千切り、葉先はざく切りにする。
2. バターで軽くいため、塩・こしょうをし、コーンを加える。
3. ふたをして水分が出て、ひと煮たちしたら、でき上がり！

レンコン

寒い冬は体を暖めてくれる温野菜をとることで元気に過ごせます。旬のレンコンは、その代表です。

冬 旬のめやす 11月 12月 1月 2月

ポツポツがある!

向こう見える!

あな〜のあいたレンコンさん♪

栄養・特徴・マメ知識 すごいぞ!
\ レンコン /

★ビタミンCが豊富
★食べる部分は根ではなく、茎
★食物繊維が豊富で体内から不要物を排出する
★糸を引く成分は納豆の仲間

ふれあい食育実践LIVE
見る・におう・触る・味わう・聞く

もっともっとすきになる 展開のヒント

冬　レンコン

乳児　あな、みたい！

- 👩「♪あな～のあいたレンコンさん…穴を見せてもらう？」
（『おべんとうばこのうた』わらべうた）
- 🧒「みたい！　みたい！」
- 👩「レンコンさん、おなかの中を見せてくださいね～」
- 🧒「ゆびはいるー！」

幼児　穴がんばってる！

- 👩「穴はどうしてあるのかな？」
- 🧒「きれいだし、食べるときおいしいから？」
- 👩「冬は泥の中で暮らすから、穴の中に空気をためているんだって！」
- 🧒「穴がんばってるんだね！」

乳児　不思議な「穴」をのぞいてみよう

レンコンは白くてきれい、それに肌触りがいいので、子どもが触ってみたくなります。「穴」にも興味を持ちます。レンコンの両端を切り落とし、さらに中央で切るときれいな穴が出現します。みんなでのぞいてみましょう。

幼児　素材の不思議を伝えよう

レンコンの食べる部分は土（泥）の中にあるので根っこのように思えるけれど実は茎の部分なのです。また、切って糸を引く成分は納豆の仲間であることなど、子どもたちにとって興味深い情報を伝えていきましょう。

かんたん！クッキング　レンコンチップ

1. レンコンを薄く切って、水にさらす。
2. 水気を取って、170℃の油で揚げる。
3. さっと塩を振りかけて、でき上がり！

ゴボウ

食べるのは苦手な子どもが多いゴボウですが、絵本やお話、歌に出てくるため、食べるより人気者のようです。

冬

旬のめやす：11月・12月・1月・2月

なが〜い！

ほそ〜い！

おべんとうばこのうたに出てくるよ！

栄養・特徴・マメ知識 すごいぞ！

\ゴボウ/

★ 食物繊維が多いので便秘に効果的
★ ポリフェノールをたっぷり含んでいる
★ 血液を浄化する
★ 解熱作用がある
★ 湿しんなど、皮膚の病気に効果的
★ 根・茎・葉、共に食べられる

ふれあい食育実践LIVE

見る・におう・触る・味わう・聞く

乳児 きらいでもたべる

- 👦「ゴボウ、好き?」
- 👧「きらいや…」
- 👦「うんちを出しやすくしてくれるんだって」
- 👧「じゃあ、たべる!」

幼児 いやや〜のにおい

- 👦「ゴボウはにおいがいややねん!」
- 👩「えー! どんなにおいのこと?」
- 👦「いやや〜っていうにおいやで!」
- 👩「においがいやなんだね」
- 👦「おいしくないで〜っていうにおいがするもん!」
- 👩「食べてみたらおいしいかもよ?」
- 👦「……うん」

もっともっとすきになる 展開のヒント

冬 ゴボウ

乳児 おなかを元気にしてくれるよ

便秘の子どもが年々増えています。おなかの調子を良くしてくれるゴボウは、そんな子どもの救世主。ゴボウが苦手な子どもには「うんちを出しやすくしてくれるよ」と、ゴボウの魅力を伝えましょう。

幼児 ゴボウを触ってみよう!

ゴボウを実際に触ってみましょう。「ザラザラしてる」「ボコボコしてる」など、感触を味わえるといいですね。においは独特なものがありますが、熱を下げる、血をきれいにするなど薬の効果があることも知らせましょう。

かんたん!クッキング ゴボウのみそ煮

1. 大きめに乱切りし、油でさっといためる。
2. 砂糖・みりん・水をひたひたに入れ、柔らかくなるまで煮る。
3. みそとゴマを加えて、煮汁がなくなるまで加熱する。

ミカン

冬のおいしい果物といえば「ミカン」が浮かびます。むきやすくて食べやすい、甘くてかわいい果物です。

冬

ボコボコしてる

旬のめやす
11月 12月 1月 2月 3月 4月 5月 6月 7月 8月 9月 10月

甘くて大好き！

栄養・特徴・マメ知識
すごいぞ！

\ ミカン /

★ビタミンC、食物繊維がたっぷり
★皮が薄い物が甘い
★発ガン抑制効果がある
★かんきつ類の中で国産100％。海外に輸出もしている

ふれあい食育 実践LIVE

見る・におう・触る・味わう・聞く

もっともっとすきになる 展開のヒント

冬 ミカン

乳児 おはなむきできる

- 👩「自分で皮がむけるかな？」
- 🧒「できるー！」
- 🧒「おはなむきもできるー！」
- 👩「きれいだね」

乳児 まねっこをしながらむいてみよう

1歳を過ぎたら、保育者のまねっこをしながら自分で皮をむいてみましょう。まずは保育者が皮をむき始め、むきやすくなったら「自分でむけるかな？」とことばがけをし、子どもに持たせてみましょう。

幼児 きれいにむけるかな？

保育者が皮のむき方を教えましょう。ちぎるようにむいて汚く食べるのではなく、皮をつなげてむくお手本を見せましょう。食べ終わりは、むいた皮に、ごみになった物を包むときれいですね。

幼児 体にいいよね！

- 👩「白い筋は食べられる？」
- 🧒「うん。食物繊維たっぷりよ」
- 🧒「皮をお風呂に入れたことある！」
- 👩「体が暖まってかぜの予防にもいいんだって」

かんたん！クッキング　ミカンの皮の粉末

1. 洗った皮を刻み、風通しのよいところで1週間ほど乾燥させる。
2. からいりし、ミキサーなどにかけ、粉末にする。
3. お湯にハチミツと混ぜて飲んだり、七味トウガラシに加えたりする。

ネギ

旬のネギは甘味が増し、柔らかくなって、鍋料理をはじめ、いろいろな料理に欠かせません。

冬

旬のめやす: 11月、12月、1月、2月

ツンツン

すごい!!

あまーい！

なが〜い！

栄養・特徴・マメ知識 すごいぞ！ ＼ネギ／

★ 熱を通すと甘味が増し、柔らかくなる
★ 体を暖めてくれるので、かぜ予防に効果的
★ 香り成分の硫化アリルは、血をサラサラにする

見る・におう・触る・味わう・聞く
ふれあい食育実践LIVE

乳児 ネギちゃんマン！

- 「ネギちゃんマン！ バイキンさんをやっつけるよ」
- 「えい！ ってしてくれるん？」
- 「そう。とっても強いんだよ」
- 「すごいんやなあ」
- 「いろいろな仲間がいるよ」

幼児 ネギ甘いなあ！

- 「ネギ嫌いやったけど、いかだ焼きはおいしかった」
- 「どうおいしかった？」
- 「甘かったで」
- 「おみそ汁に入れても甘いよ」
- 「入れたい、入れたい」

もっともっとすきになる 展開のヒント

冬　ネギ

乳児 特別な出会い方を

ネギは、乳児にとって食べるのに少しハードルが高い野菜のひとつです。旬のいちばんおいしい時季に、ネギを題材にしたペープサートや絵本など出会い方を工夫することで、みんな大好きになってくれます。

幼児 ネギが大好きになるように

ネギが大好きになるチャンスは、なんといってもおいしいネギを食べること、または自分たちで調理して食べることです。5cmくらいに切り、油で炒めて砂糖、しょうゆで味付け。新鮮な生卵の黄身にからませると、さらにおいしくなります。

かんたん！クッキング　ネギのいかだ焼き

1. 白ネギを2cmに切り、くしに刺す。
2. 砂糖としょうゆを同量で混ぜたタレを作り、ネギとからませる。
3. 魚焼きグリルで両面を焼き、でき上がり。

カリフラワー

カリフラワーは、まだ冬野菜がおいしい時季に旬を迎え、春の到来を告げる、見て食べてうれしい野菜です。

冬

ぎっしり詰まってる！

旬のめやす
11月・12月・1月・2月・3月

葉っぱにだっこされてるみたい！

栄養・特徴・マメ知識 すごいぞ！

\ カリフラワー /

★ 別名は「ハナヤサイ」
★ ビタミンCがたっぷり
★ 葉っぱではなく、蕾や茎を食べる
★ 茎の部分は蕾の2倍のビタミンCを含んでいる

ふれあい食育実践LIVE
見る・におう・触る・味わう・聞く

乳児　おなべでグツグツ

（カリフラワーをだっこして）
- 「う〜ん、つめたい！」
- 「鍋で暖かくしてもらう？」
- 「グツグツして〜」

幼児　ブロッコリー…？

- 「ブロッコリー！」
- 「ブロッコリーは緑色だよ」
- 「カリフラワーだよ」
- 「知ってた！　知ってた！」
- 「似ているね。どちらもキャベツの仲間だよ」

もっともっとすきになる展開のヒント

冬　カリフラワー

乳児　全体をじっくり見よう

触ったり、香りを確かめたり、外葉をはがして食べる部分だけをよく見えるようにしたりするなど、全体のようすをじっくり見せましょう。その上でひと口大に切り分けるところも見せ、何のどの部分を食べるのかを伝えます。

幼児　大きな木みたい？

包丁で半分に切ると断面を見ることができます。じっくり観察してみましょう。蕾部分の味わいと茎の食感など、それぞれの違いもわかって食べたいですね。

かんたん！クッキング　カレー風味カリフラワー

1. 鍋に水、カレー粉、塩を入れて、沸騰させる。
2. ひと口大に切ったカリフラワーを入れて湯がく。
3. きれいな黄色になり、塩味が優しく効いたら、でき上がり。

ナノハナ

優しい色と香りが、春の到来を感じさせてくれます。見ても、食べても春を伝えてくれるナノハナです。

冬

ギザギザ…

くんくん

旬のめやす 1月 2月 3月

花が咲いたよ！

栄養・特徴・マメ知識
すごいぞ！
＼ナノハナ／

★「菜の花」は春の季語で、菜花（なばな）ともいう
★ビタミンCやミネラルが豊富
★灰汁（あく）は少ないので、さっとゆでる
★生命力が強いので、切り取っても水だけで生長し、鑑賞用にもなる

ふれあい食育実践LIVE

見る・におう・触る・味わう・聞く

乳児 いいかおり！

- 「おはな、きいろくてきれい！」
- 「いい香りがするのよ」
- 「ふ～～ん」
- 「す～～ん」
- 「『ナノハナ』っていうのよ」

幼児 苦いと甘い

- 「ナノハナ嫌い」
- 「なんで？」
- 「花が苦い」
- 「茎のところは食べられる？」
- 「茎はちょっと甘い」
- 「じゃあ、いっしょに食べたらいいよ！」

もっともっとすきになる 展開のヒント

冬　ナノハナ

乳児 自分で摘んで食べてみよう

器に水を入れて生けておき、花が開くまでは鑑賞して、その後は摘んで食べてみましょう。満開の花をいたずらにむしり取るのではなく、ひとつひとつ大事に摘み取ることも伝えます。

花をさっとゆでて乾燥させ、シラス、白ゴマ、青ノリ、塩などを混ぜてふりかけにしても！

幼児 花を通じて「仲間」を実感

アブラナ科の野菜は春になるとそれぞれに花を付け、そのすべてが「ナノハナ」とも呼ばれます。コマツナ・ハクサイ・キャベツ・カブ・ダイコンなど、花を見ることでナノハナと仲間であることを知る機会になります。

かんたん！クッキング　ナノハナのピカタ

1. ナノハナを食べやすい大きさに切り、軽く小麦粉を振る。
2. 溶き卵にくぐらせ、フライパンで両面を焼く（好みの油を使う）。
3. 塩やケチャップなどを付けて食べる。

好き嫌い
～苦手な理由を自分の言葉で表すことから～

　子どもたちの食事の悩みでいちばん多いのは、好き嫌いに関することです。子どもたちには、苦手な食べ物を「きらい」と言ってしまわずに、いろいろな物を味わってほしいですよね。

　大切なのは、「食べさせられるのではなく、自分で考えて食べる」ということ。子どもたちの中にも、「なんでも食べて大きくなりたい」という思いと、初めて食べる物への不安な気持ちや、「やっぱり苦手」という思いとの葛藤があります。

　子どもたちが、苦手な理由を自分の言葉で表現できるようにしましょう。その理由に共感し、どうしたら解消できるのかをいっしょに探します。量を減らしてみる、給食室のスタッフに伝えて工夫してもらう、など、子どもといっしょに考えてみてください。そして、子どもたちが自分で考えて、少しでもできたこと、しようとしたことに共感し、少しでも食べられるようになった自分を誇らしく思えるような経験を重ね、自信と意欲が持てるようにかかわりましょう。

第2章

もっともっとすきになる毎日の食材

まいにちたべるものにも、しらないこと、おもしろいことがいっぱいあるよ！

米

もっともっとすきになる
毎日の食材 ①

米は、主食でありながら、料理のバラエティーも豊富！ 栄養満点で、ほんとうに優れた食材です。

家庭といっしょに食育！

伝えたい米のこと

米飯は65％が水分！？ 栄養＆水分がたっぷり！

日本人が毎日食べる米は、良質のたんぱく質や食物繊維を含んでいます。米をしっかりと食べていたら必要な栄養を十分に摂取できますが、ぬか部分を少し残した物ならさらにビタミン類もとれますよ。炊飯すると、米は65％程度の水分を含みます。食事の後、ゆっくり消化・吸収され、水分も体内に留まります。汗をかきやすく水分不足になりがちな子どもにとって、米は栄養面でも水分の面でも欠かせない食材なのです。

子どもと米のふれあいエピソード

育ちがわかる

1　米

乳児　まだのこってる！

1歳のころから保育者が「集まれ集まれしよう」と言葉をかけながら、おわんの米粒をスプーンで中央に集め、おわんがピカピカになってうれしい経験を重ねています。おはしを使えるようになると、今度は自分たちで、一粒でも残っていると「のこってる」と言いながら最後の一粒まで一生懸命に食べています。周りの友達のようすも気にして、声をかけ合っています。全部きれいに食べるということにおいて、米は見た目にもすごくわかりやすい食材ですね。

幼児　今日のご飯、においが違う！

新米が届いた日の朝、子どもたちに「今日のお昼は新米よ」と伝えました。10時に炊飯がまのスイッチを入れると、10時半くらいに炊けてきて湯げが上がり始めます。すると、子どもたちが給食室の前を通りかかり、ひとりがこう言いました。「あ、今日のご飯、なんかにおいが違う！」。すると、ほかの子どももくんくんと香りを楽しんでいます。毎日の、米が炊けるにおいを、子どもたちは感じているんだな、と気づかされました。

卵

> 栄養価が高く、バランスもよい卵は、昔も今も変わらない栄養食材の王様です。かわいい形も人気の理由です。

家庭といっしょに食育！

伝えたい卵のこと

卵は命の塊です！

卵は「完全食品」といわれるくらい優れた栄養食品です。考えてみれば、卵は命の塊です。生き物として成長していこうとする卵の、パワー全部を食材としていただくわけですから、栄養価が高くてあたりまえですよね。手軽に料理ができることも魅力で、湯がくだけでゆで卵が、殻を割ってフライパンの上で焼くだけで目玉焼きができます。こんなにかんたんに料理ができて、おいしくて、栄養価の高い食材は、ぜひご家庭でも利用してください。

育ちがわかる 子どもと卵のふれあいエピソード

乳児　たまご、たまご、たまご…

2歳児のAくんは卵アレルギーでした。しかし、「アレルギーが軽減されたので」と卵を食べてもよいことになりました。そんなある日、お絵描きの時間に、Aくんは大きな紙いっぱいにたくさんの円（○）を描いていました。2歳というと「閉じた円」が描けるようになる年齢です。近づいてみると、Aくんは「たまご、たまご」とつぶやきながら、夢中になって円を描いていました。卵が食べられることがよほどうれしかったのでしょうね。

幼児　本物を見て

子どもたちは絵本や図鑑などで、卵はニワトリが産むことを知っています。すると、たくさんの疑問が浮かぶわけです。「卵は毎日産むの？」「おとうさんニワトリも産む？」。園行事でニワトリ農家を訪ねる機会があり、たくさんのことを教えてもらった子どもたちは大満足。本物を見ながら、「ニワトリは何を食べますか？」「どれだけ大きくなったら卵を産みますか？」。子どもたちの興味は卵からニワトリへと広がっていったのです。

肉・魚

もっともっとすきになる
毎日の食材 ③

> 魚・肉は、食卓のメインディッシュとして子どもたちに大人気！ 何のどこを食べているのか意識したいですね。

家庭といっしょに食育！

伝えたい肉・魚のこと

体も心も豊かになる2本立て！

肉も魚も成長期に必要な動物性たんぱく質が豊富です。じゃあ、骨がなくて食べやすい肉だけでいいじゃないかと思われそうですが、そんなことはありません。魚には旬があり、季節感も味わえるのです。魚にはカルシウムも含まれています。肉にはかんたんに料理する方法がありますが、魚だって塩焼きにするだけでメイン料理になります。成長期の子どもだからこそ、肉も魚もしっかり食べて、体も心も豊かに育ってほしいと思います。

子どもと肉・魚のふれあいエピソード
育ちがわかる ③ 肉・魚

乳児 ほね、だせたよ！！

魚を食べようとする2歳児のBちゃんに、「骨が付いてるから気をつけてね」「骨出てきたら見せてね」と伝えました。Bちゃんは、口から指で骨をじょうずに取り出し、とっても誇らしそうです。「取れたね」「見せて」と言うと、うれしそう。周りの友達も、口々に「どれどれ？」「みせてみせて」。口の中の異物を取り出すのは、命を守るために大切なこと。小さいうちから魚を積極的に食べることで、身についていきます。

幼児 ぼくのにそれ、かけたいなぁ

給食室の前を通りかかった3歳児の男の子。オーブンから焼き上がった焼き鳥が取り出されるようすを見て、こう言いました。「ぼくの焼き鳥には、それ、かけたいなあ」。指さしたのは、オーブンの端にあるタレ。わたしが「これをかけたら、もっとおいしくなるもんね。みんなにも教えてあげようね」と言うと、ニッコリ。子どもは、どうやって食べたいかを考えて、自分なりの「おいしい」食べ方を見つけていくのですね。

牛乳

もっともっとすきになる
毎日の食材 ④

> 飲みやすくて、栄養たっぷりな牛乳。エネルギーをたくさん取り込んで味わいましょう。

家庭といっしょに食育！

伝えたい牛乳のこと

トマトより水分が少ない!?

乳幼児期のカルシウム摂取にピッタリの牛乳。牛乳が含む豊富なたんぱく質は、脳の育ちにもよいのを知っていましたか？ ゴクゴクと飲むだけでとれる手軽さがありがたいですね。牛乳は液体ですが、実は、水分は88％程度。12％は乳固形分です。トマト（水分約94％）より水分が少ないんです。だから、食事の前に飲み過ぎてしまうと、おなかいっぱいで食事が食べられなくなってしまうことも…。飲み過ぎは避けましょうね。

子どもと牛乳のふれあいエピソード

育ちがわかる

4 牛乳

乳児　ウシのおかあさん、ありがとう

牛乳が苦手な2歳児のCちゃん。無理強いはせずに、飲んでみようと思える日を待っていました。ある日、Cちゃんにこんな話をしました。「牛乳はウシのおかあさんのおっぱいよ。ウシの赤ちゃんは、おっぱいをたくさん飲んで、とっても大きく育ったんだって」。そして、こう続けました。「ウシのおかあさんが、Cちゃんにも大きくなってほしいなって、ちょっと分けてくれたよ。飲む？」。するとCちゃんは、ちびりと飲んでからひと言、「ウシのおかあさん、ありがとう」。実は、Cちゃんはそれまでに「いただきます」の意味の話を聞いていました。ただの白い飲み物ではなく、「命を分けてもらっている」ということを感じたのでしょうね。

もっともっとすきになる
毎日の食材 5

出汁（だし）

さまざまな食材から出る、うまみをいただく出汁は、日本食には欠かせない存在です。

家庭といっしょに食育！

伝えたい出汁のこと

幼いころから出汁文化を！

和食が2013年にユネスコ世界無形文化遺産に登録され、「うまみ」という言葉も世界で知られるようになりました。「うまみ」は、出汁が元になります。出汁をしっかり取れば、塩分が少なくてもおいしく感じます。出汁を感じる味覚が形成されるのは、3歳までといわれています。離乳食をスタートしたときから、素材そのものの「優しい出汁の味」に出合って欲しいですね。

なるほど

子どもと出汁のふれあいエピソード

育ちがわかる

5 出汁

乳児　おさかながはいってない！

出汁について子どもたちに初めて話した日、「これでおみそ汁を作るからね」と煮干しを見せました。その日の給食時間、「おさかながはいってない、おさかながはいってない」という声が。みそ汁を飲んでも飲んでも、煮干しの姿が見えないので不思議に思ったのでしょう。「これが煮干しの出汁の味よ。おいしいでしょう？」と話しました。クッキング活動で、素材から出汁を取る経験をすると、給食との2本立てで出汁を知ることができますよ。

幼児　味の違いがわかる？

給食参観のときに「出汁当てクイズ」をしました。カツオやコンブなど出汁の元になる素材と、それぞれから取った出汁が一致すれば正解です。ペットボトルに入れた出汁を少量ずつ小皿に取り、子どもたちが味を確かめていきます。保護者は、「うちの子、正解するかしら」とドキドキした面もちで見守ります。どの子どももほとんど正解するのを見て、保護者たちは「味覚が育っているのがわかってうれしかった」と感想を述べてくれました。

毎日の食材 6 海藻

昔から食べられてきた海藻は、園の給食の定番食材です。海からのとってもありがたい贈り物です。

家庭といっしょに食育！

伝えたい海藻のこと

海藻は縁の下の力持ち！

海藻は食物繊維がたっぷりです。カルシウムやビタミンも含まれています。ところで、日本人が大好きな大豆は、海藻と組み合わせた料理が多いのを知っていましたか？　コンブ豆、大豆から作ったみそを溶かしたみそ汁の具にワカメ…。大豆を過剰に摂取すると、首の甲状腺がはれる「甲状腺肥大」になる恐れがあります。そこでバランスを取ってくれているのが海藻なのです。昔からの知恵を子どもたちにも伝えたいですね。

子どもと海藻のふれあいエピソード

育ちがわかる

6 海藻

幼児　わあ、不思議！ おもしろい！

子どもたちは海藻というとワカメやコンブを真っ先に思い浮かべますが、「これも海藻だよ」とカラカラの棒寒天を見せると驚きます。ある日、子どもたちといっしょに、棒寒天で寒天ゼリーを作りました。棒寒天を水で戻すと、ドロドロに溶けて柔らかくなります。そこから熱を加えると、棒寒天の姿はすっかり別の物に。その形の変化を見て、子どもたちからは「わあ、不思議！」「おもしろい！」「なんで？」の声。シロップを少し加えて冷やし固めると、おいしい寒天ゼリーのでき上がりです。「あんなカラカラから、ツルンツルンのこんなおいしいのができた！」と、クッキングを通して、みごとな変化の不思議と、海からの贈り物におおよろこびの子どもたちでした。

お茶

もっともっとすきになる 毎日の食材 ❼

日本人の生活に欠かせない、食卓の名わき役です。農薬の心配のない茶葉で、ほうじた物をいただきましょう。

家庭といっしょに 食育！

伝えたいお茶のこと

お茶で口の中をきれいに！　加熱して、農薬に注意！

お茶は、水分をとること以外に、食事後の口の中をきれいにする効果もあります。お茶を飲むだけで、ある程度、口の中はきれいになります。食事前にお茶を飲むと、口がきれいな状態で食べ物をおいしくいただけますね。水出しの便利なお茶がありますが、子どもが飲むお茶は一度加熱しましょう。カフェインなどお茶に含まれている子どもによくない成分が除かれます。また、農薬の心配がない茶葉を選びましょう。

子どもとお茶のふれあいエピソード
育ちがわかる

乳児　せんせい、おとなみたい

保育者が正座をしてお茶を飲んでいると、子どもたちが寄ってきて「せんせい、おとなみたい」と言いました。背筋を伸ばして正座をし、コップに両手をそっと添えて飲んでいる姿がかっこうよく見えたのでしょう。すると、自分でコップにお茶を入れて保育者の隣で正座をし、「これでいい？」と、姿をひとつひとつまねしながら飲み始めました。ふだんと少し違う飲み方をすると、いつもと違ったお茶の時間になりますね。

幼児　もう病気にならないぞ！

子どもたちが大好きなプール。保育者は「みんな病気にならず、元気にプールに入りたいね」「ドクダミのお茶を飲むと、病気になりにくいのよ」と、ドクダミ採りを提案しました。ドクダミを摘んで園に帰るとみんなでドクダミを洗い、干して刻み、ローストしてお茶パックに入れました。ドクダミ茶はこくがあっておいしく、子どもたちからは「もう病気にならないぞ」の声。困ってから泣くのではなく、「備える」という経験ができたのではないかと思います。

保育者と給食室の連携
～お互いに目ざすところを一致させて～

　保育者と給食室のスタッフは、子どもたちのために、いっしょに働く仲間です。大切なのは、両者が対等な関係で、それぞれの専門職としての立場から意見を交換し合うこと。

　まず、どんな子どもたちに育てたいのか、どんな経験をしてほしいのかという、保育の目ざすところを一致させることからスタートしてみてください。そのために何をするかをいっしょに考えます。子どもたちが昼食やおやつを食べているようすをいっしょに見る機会を増やしたり、昼食時のようすを伝え合ったりしましょう。子どもたちの姿を両者が対等に把握し、コミュニケーションを図れるようにしたいですね。

　子どもたちの発達や毎日の姿を共有しながら、子どもたちの成長を、いっしょに喜び合える関係を築いてくださいね。

第3章

文化を伝えよう！行事の食育

ぎょうじのひは、いつもとちがうとくべつメニュー！
たのしみだなあ～。

文化を伝えよう！ 行事の食育

こどもの日

こどもの日は、端午（たんご）の節句（せっく）とも言い、子どもたちが元気に大きくなるようお祝いする日です。こいのぼりや五月人形などをモチーフにした献立があるといいですね。大きいこいのぼりクッキーを作るのもオススメです。

そ〜っと…

こいのぼりクッキーできた〜！大きいでしょ！

かぶとの
おにぎり

こいのぼり
パイ

カットニンジンに
こいのぼりを
立てて

こいのぼりランチ

文化を伝えよう！ 行事の食育

七夕

旬の食材を使った七夕バイキングで、いつもと少し違う食卓にワクワクします。自分で選び、取り分ける楽しさは自立へとつながり、みんなで分け合って食べるということも感じられますよ。

こどもの日…七夕

次はトマト…どこに置こうかな

こんなメニューも！

オクラ・ニンジン・糸コンニャクを寒天で固めて、天の川ゼリーに！

旬の食材！

文化を伝えよう！ 行事の食育

お月見

お月見といえばお団子ですが、年齢に合ったお団子作りを楽しめるといいですね。子どもたちの手の届く所に、秋の実りやススキといっしょにお団子をお供えできる場所を準備するとよいでしょう。

お団子浮いてきた…

窓を開けて、本物のお月様にも見えるように！

作ったお団子をお供え物に

文化を伝えよう！ 行事の食育

クリスマス

お月見…クリスマス

今や国民的行事となっているクリスマスをみんなで楽しみましょう。ホイップを入れたプラカップに、星のクッキーやフルーツ、コーンフレークを自分たちでデコレーション！かんたんクッキングがオススメです。

ランチョンマットを敷いて、キャンドルを置いて…。ひと工夫で特別感を!

きれい…

ワクワク

クリスマスランチ

サンタさんの飾りを付けて…

自分たちでトッピングが楽しいミニパフェ

文化を伝えよう！ 行事の食育

おもちつき

みんなで力を合わせてついたおもちを年神様にお供えし、お正月を迎え、幸せや健康を願います。つきたてのおもちがびよ〜んと伸びたり、手にくっついたり、手の中でコロコロ丸まったりするのもぜひ経験したいですね。

よいしょ！

ついたおもちをみんなで丸めていただきます。

のび〜る！

気持ちい〜い！

丸くな〜れ…

文化を伝えよう！ 行事の食育

春の七草

おもちつき…春の七草

1月7日は、「七草がゆ」を食べ、1年間の健康を祈ります。入っている7つの草の実物を見える所に置いておいたり、おなかの調子を良くしてくれるおかゆを食べることを伝えたりしたいですね。

実物に名前を添えて、見える所に置いておくといいですね。

スズシロ／スズナ／ハコベラ／せり／ホトケノザ／ゴギョウ／ナズナ

どれがどの草かわかるかな？

文化を伝えよう！ 行事の食育

節分

節分の恵方巻きのおもしろさは、やはり断面のようすです。食べる中で子どもたちの気づきに共感しましょう。また、豆を自分の年の数だけ食べると、体がじょうぶになってかぜに負けない体を作るといわれています。

見て見て！
いただきます！

色紙で作った箱に、
年と同じ数の豆を!

文化を伝えよう！ 行事の食育

ひな祭り

ひな人形を飾っていたり、子どもたちと作ったりしている園では、ひな人形をモチーフにした物が食卓にあるといいてすね。大きなお皿に盛りつけたちらし寿司などをみんなで取り分けて食べる経験もうれしいてすね。

節分…ひな祭り

お吸い物にも、お内裏様とおひな様が！

飾り付けで見た目にもおいしく！

〈著者〉
小西 律子（こにし りつこ）
社会福祉法人おさなご福祉会
おさなご保育園園長・調理師

月刊『保育とカリキュラム』の連載「子どもと野菜の
ふれあいLIVE わくわく食育」を、2012年より執筆

〈主な著書〉
- ●『おいしく食べておおきくなあれ！』
  （著／かもがわ出版）
- ●『子どもと作る食育レシピ12か月』
  （著／チャイルド本社）
- ●『0～6歳まるごと発達シリーズ
  保育園のおいしい離乳食―46のレシピと
  おいしく食べる工夫』
  （徳永満理 監修・市枝恵子と共著／フォーラム・A）

本書は、月刊『保育とカリキュラム』2012年4月号～
2015年3月号までの連載「子どもと野菜のふれあい
LIVE わくわく食育」をベースに編集・加筆・修正し、
新原稿も加え、単行本化したものです。

〈協力園〉
社会福祉法人おさなご福祉会
おさなご保育園（兵庫県尼崎市）

〈写真〉
ピクスタ株式会社
maruk

〈本文イラスト〉
北村友紀
後藤みき
はやはら よしろう（office 446）
みやれいこ
Meriko
やまざきかおり

〈本文レイアウト〉
はやはら よしろう（office 446）

〈編集協力〉
堤谷孝人

〈校正〉
永井一嘉

〈企画・編集〉
山田聖子　安藤憲志

本書のコピー、スキャン、デジタル化等の無断複製は著作権法上での例外を除き禁じられています。本書を代行業者等の第三者に依頼してスキャンやデジタル化することは、たとえ個人や家庭内の利用であっても著作権法上認められておりません。

ハッピー保育books㉔
ワクワクふれあい食育

2016年10月　初版発行

著者　小西律子
発行人　岡本 功
発行所　ひかりのくに株式会社
〒543-0001　大阪市天王寺区上本町3-2-14
郵便振替　00920-2-118855　TEL 06-6768-1155
〒175-0082　東京都板橋区高島平6-1-1
郵便振替　00150-0-30666　TEL 03-3979-3112
ホームページアドレス　http://www.hikarinokuni.co.jp
製版所　近土写真製版株式会社
印刷所　熨斗秀興堂

©RITSUKO KONISHI 2016　　　Printed in Japan
©HIKARINOKUNI 2016　　　ISBN 978-4-564-60891-9
乱丁、落丁はお取り替えいたします。　NDC376 128P 19×13cm
JASRAC 出1610664-601